Umdenken.

Ankommen.

GLÜCK SPÜREN...

GERHARD NAUMANN

Den Fahrstuhl ins Glück gibt es nicht – aber eine Treppe

DAS ETWAS ANDERE GLÜCKSBUCH
Werden Sie Ihr persönlicher Glücks-Coach, überwinden Sie die hartnäckigsten Glückshindernisse und erschließen Sie sich die zuverlässigsten Glücksquellen.

Impressum

1. Auflage 2009
2. Auflage 2010
3. Auflage 2011
4. Auflage 2013

© G&U Naumann Verlag Oststeinbek bei Hamburg
Lektorat: Melanie Schehl, Hamburg
Gestaltung: Sylvia Kraft, Hamburg
Fotos: fotolia.com, project photo
Druck: A.S. Müller Sofortdruck GmbH, Hamburg
Printed in Germany
ISBN 978-3-00-028327-7
www.gluecks-lernbuch.de
gnaumann@t-online.de

Werden Sie
Ihr persönlicher
Glücks-Coach.

EIN GLÜCKS-LERNBUCH

Inhalt

Seite

Editorial 15

I. Wo liegt das Glück? 17

Es gibt keinen Königsweg ins Glück.

Eine persönliche Frage: Sind Sie glücklich?

Hilft uns die Glücksforschung bei der Suche nach unserem persönlichen Glück?

Welche Lebensumstände ebnen den Pfad ins Glück?

Wovon hängt es ab, ob wir geliebt werden, Ehen und Freundschaften halten?

Werden Sie Ihr persönlicher Glücks-Coach.

Wir sind unseren Genen nicht hilflos ausgeliefert.

Die große Verführungskraft der Geldillusion.

Welchen Einfluss hat Geld auf unser Glück?

Vom Geld-„Haben" und Glücklich-„Sein".

II. Es gibt Hindernisse und Chancen. 47

Wir-Orientierung macht glücklicher als Ich-Orientierung.

Glück ist ein Augenblick.

Glück ist die unerwartete Nebenwirkung der Hinwendung zum Jetzt.

Quellen des Glücks: In uns und um uns herum.

Glücksblockaden überwinden, macht den Weg frei für Wohlbefinden.

Die Glücksblockaden Neid und Vergleich.

Die Glücksblockaden Erwartung, Absicht und Bewertung.

Die Überwindung von Glücksblockaden basiert auf der Notwendigkeit, das eigene Denken zu verändern.

III. Wie Tatsachen im Kopf entstehen. 75

Die Kraft unserer Gedanken und unseres Glaubens.

Wir empfinden und sind was wir denken.

Das Gute im Realen erkennen.

Das Zauberwort „aber": Von der Schatten- zur Lichtperspektive.

Neuorientierung für ein glücklicheres Leben.

Loslassen, um vorankommen zu können.

IV. Mein Selbstbild ist das Geländer, das ich anpacken kann. 93

Das negative Selbstbild: Eine tief verankerte Suggestion, die Glück blockiert.

Wir können unser Selbstbild verbessern.

Die Vorstellungskraft des Geistes.

Der Aufbau mentaler Zielbilder.

Nicht der Wille, sondern der Glaube versetzt Berge.

V. Schritte ins Glück sind realistisch. 109

Die Bedeutung unserer „Festplatte".

Akzeptieren und lieben Sie unabänderbare Stärken und Schwächen.

Glück im Kontrast: Changieren und Chance.

Glück ist nicht unser Schicksal, sondern unser Denken.

Den Fahrstuhl ins Glück gibt es nicht – aber eine Treppe.

Ein Geländer für Ihren Weg ins Glück.

Liebe Leserin und lieber Leser,

wir streben nach Glück im Sinne von Liebe spüren, Lebensfreude und Wohlbefinden. Bewusst oder unbewusst begeben wir uns immer wieder auf die Suche danach. Sie spiegelt sich in der Fülle von Büchern, Berichten und Zeitschriften zu diesem Thema. Sie stecken neue Ziele in Zeiten des Materialismus, spenden Trost und Humor. Den Weg dorthin aber muss jeder von uns selbst zurücklegen – und er bleibt oft unklar.

Deshalb halten Sie jetzt ein *Lernbuch* zum Glück in Händen und kein Lehrbuch. Denn mehr Wissen über Glück macht nicht automatisch glücklicher, es gilt die eigene Lernbereitschaft zu wecken: Denn es ist die Umsetzung von Wissen in Können und Spüren. Sie liegt nun in Schritten vor Ihnen.

Für jeden Menschen ist Glück etwas anderes und das ist eine gute Nachricht: Denn jeder Mensch kann sein Glück aktiv beeinflussen. Er kann zur Gestaltung seines Glücks mehr beitragen als ihm bewusst ist. Aber wie funktioniert das genau und wie wird er erfolgreich dabei sein?
Dieses Glücks-Lernbuch handelt davon, wie wir uns mit Hilfe unseres Bewusstseins weiterentwickeln können. Wie wir uns durch bewusste Aufmerksamkeit, durch die Kraft und Wachheit unserer Gedanken von Zweifeln befreien und das gewinnen, was alle Glückssucher brauchen: Vertrauen in uns Selbst und damit Vertrauen in unsere Welt.

Es werden Bewusstseinstechniken auf Basis unserer mentalen Fähigkeiten beschrieben, die Sie lernen können, um blockierende Einstellungen und Gewohnheiten, die dem Glückserleben im Weg stehen, zu erkennen und zu verändern. Diese Ebnung Ihres persönlichen Glückspfades ist ein spannender und erfüllender Erkenntnis- und Bewusstseinsprozess, viele Situationen und Begebenheiten aus einer neuen, anderen Sicht zu betrachten und zu verinnerlichen. So werden Sie Ihr persönlicher Glücks-Coach. Viel Erfolg wünscht Ihnen

Ihr Gerhard Naumann

I. Wo liegt das Glück?

● **Es gibt keinen Königsweg ins Glück.**

Glück ist für die meisten Menschen auf der Welt ein wichtiges und erstrebenswertes Lebensziel. Die Suche nach dem Glück ist in unserer Spezies programmiert und damit ist die Rolle von Glück in unserem Leben nicht zu unterschätzen.

Glücklich zu sein ist wohl das tiefste und umfassendste Verlangen des Menschen. Alles, was wir sind, denken, fühlen und tun, schöpft seine Dynamik und sein Ziel im Kern aus dem erhofften Glück.

In der amerikanischen Verfassung ist der Anspruch, das Recht auf Glück, ein expliziter Bestandteil. Das deutsche Grundgesetz, ein Glücksfall für die Bundesrepublik, kennt zwar keinen Glücksparagraphen, neben der Unantastbarkeit der Würde des Menschen aber ist das Recht auf freie Entfaltung verankert. Eine wichtige Bedingung für unser Glücksleben.

In dem winzigen buddhistischen Königreich Bhutan im Himalaja ist Glück ein Maßstab für den Wohlstand seiner Bürger. Dieser Maßstab, das „Bruttonationalglück", steht neben materiellen Kategorien für Wohlstand, um das spirituelle und ökologische Wohl zu beleuchten.

Doch „Glück" ist nicht „Glück". Denn Glück zu haben ist etwas anderes als glücklich zu sein. Das Englische hat dafür zwei verschiedene Substantive: Mit „luck" ist das äußere Glück, das „Glück haben" gemeint, mit „happiness" der innere Zustand des Glücks, das „ glücklich sein".

Damit verdeutlicht sich der enge Zusammenhang von äußerem Glück, von Glück haben als Folge günstiger Umstände, als Fügung des Schicksals und von glücklich sein im Sinne von persönlichem, inneren Glück, von Seelenglück, von Glückszustand, Glücksempfinden und Glücksfähigkeit.

Auch wenn Glück im Sinne von „glücklich sein" nicht das *unmittelbare* Ergebnis unseres Denkens, Planens und Machens sein kann, können wir doch sehr viel beitragen, um die Bedingung der Möglichkeit dafür zu schaffen. Worauf kommt es an?

Eine eindeutige Definition, eine allgemeingültige Glücksformel existiert nicht. Bis heute versuchen sich Geistes- und Glaubensdisziplinen mit ihren Ansichten daran und gehen darüber auseinander, was Glück konkret ist und wie man zu ihm gelangt. Diese Versuche zeigen, wie komplex und einfach, wie groß und kleinteilig das ist, was wir suchen.

● **Eine sehr persönliche Frage: Sind Sie glücklich?**

„Sind Sie glücklich?" Was antworten Sie? Viele werden sagen: „Was mein Leben glücklich macht, kann ich so für mich gar nicht beantworten."
Sehr oft enthält die Antwort Wendungen wie „eigentlich" oder „im Prinzip" und tastet sich an Tatsachen, Lebensumständen, kurz: dem „Haben" entlang. Kommt sie auf das „Sein" zu sprechen, wird sie vage. Was glücklich macht, kann man jeden Tag neu und anders beantworten. Sie werden vielleicht sagen, es sind die kleinen Dinge, Momente, die vollkommen glücklich machen – es sind so viele, flüchtige, wofür soll man sich entscheiden und wie könnte man sie beeinflussen?
Das Benennen des Glücks und das Nachdenken und Analysieren

macht uns in der Regel nicht glücklicher, sondern eher weniger glücklich. Denn wenn man zu sehr versucht, das, was einen glücklich macht, in Worte zu fassen bzw. zielstrebig anzusteuern, dann kann es mitunter seine Selbstverständlichkeit verlieren, zum grüblerischen Problem werden und von vorangegangenen Glücksmomenten nur noch wenig vermitteln. Es ist wie mit der ersten scheuen Sprache der Verliebten, die vieles zerstören würde, wenn sie es zu genau bezeichneten.

● **Hilft uns die Glücksforschung bei der Suche nach unserem persönlichen Glück?**

Die längste und gründlichste Untersuchung über die Frage, was ein Leben glücklicher macht, begann vor mehr als 70 Jahren.
Es ist die Grant-Studie, die 1938 von Mitarbeitern der renommierten amerikanischen Universität Harvard an 268 Männern als Probanden gestartet wurde. Die Ausgangsfragen zur Klärung, was ein glückliches Leben ausmacht, waren ein Mix aus den Lebensbereichen Liebe, Beruf, Freundschaft, Gesundheit und effektiver psychischer und sozialer Anpassung.
Die Personengruppe waren in jeder Hinsicht gesunde, stabile junge Männer, die auf jede erdenkliche Art befragt und vermessen wurden, inklusiv ihrer Hirnströme. Alle zwei Jahre gab es psychologische Tests, alle fünf Jahre Gesundheitschecks und alle 15 Jahre Befragungen zur Lebenssituation, zu Ehe, Familie, Freundschaften und zur beruflichen Entwicklung. Bis heute wird diese Studie fortgeschrieben und erste Erkenntnisse wurden in der amerikanischen Zeitschrift „The Atlantic" dokumentiert.

Liebe – sie führt zusammen und ist ein zuverlässiger Glücksbringer.

Und was bringt diese einzigartige Langzeitstudie bis heute zu Tage?

▷ Es sind unbewusste Gedanken und Verhaltensweisen, die die Wahrnehmung eines Menschen formen und verformen.

▷ Wie wir uns fühlen hängt davon ab, was wir tun. Ebenso stark beeinflussen unsere Gefühle unser Tun.

▷ Menschen, die sich zufrieden und glücklich fühlen, versuchen Probleme „konstruktiver zu lösen, als andere Menschen".

Und was bleibt am Schluss dieser Studie?

Eine Formel für das Glück wurde bislang nicht gefunden, aber die Erkenntnis, dass Intellekt und Status keine zuverlässigen Quellen des Glücks sind. Was im Leben wirklich zählt und zum Glück entscheidend beiträgt, ist Liebe und sind die Beziehungen zu anderen Menschen.

Ein Stück vom Glück, Hamburger Abendblatt 2009

Aufschlussreich sind viele andere Forschungserkenntnisse zur Wirkung von Lebensstilen und -umständen auf unser Glück.
Sie skizzieren aus dem Allgemeinen Impulse für das eigene Leben. Eine Übersicht:

- Gesundheitsbewusste Menschen sind glücklicher als Gesundheitsmuffel.

- Akademiker sind nicht glücklicher als Nichtakademiker.

- Studenten sind nicht glücklicher als gleichaltrig Berufstätige.

- Gesellige Menschen sind glücklicher als Einzelgänger.

- Mütter die Vollzeit arbeiten jetzt glücklicher als nichtberufstätige- oder teilzeittätige Mütter.

- Religiöse Menschen sind glücklicher als nichtreligiöse.

- Verheiratete oder in einer Partnerschaft lebende Menschen sind oft glücklicher als Singles.

- Verheiratete mit Kindern sind nicht glücklicher als kinderlose.

- Optimisten sind glücklicher als Pessimisten.

- Extrovertierte Menschen sind glücklicher als introvertierte.

- Frauen sind gleichermaßen glücklich wie Männer.

● Welche Lebensumstände ebnen den Pfad ins Glück?

Man weiß ziemlich genau welche Lebensumstände unser Glück beeinflussen: die eigene Gesundheit und die der Familie, das Aufwachsen in einem intakten Elternhaus, eine stabile Partnerschaft zählen dazu, Freunde und soziale Netze, ein befriedigender Beruf und erfüllende Hobbys sowie auch ein ausreichendes Einkommen und ein gewisser Lebensstandard.

Anders als in der Glücksforschung, wird >Glück< im Allgemeinen weiter gefasst interpretiert. Die meisten Menschen verbinden mit dem Begriff Glück Zufriedenheit, Freude, Vergnügen, Wohlbefinden, Lebensvertrauen und vor allem Liebe.

Auch wenn für jeden Menschen Glücksempfindungen etwas persönliches, individuelles sind, ist Liebe zu empfangen und Liebe zu schenken, ein zentrales Bedürfnis für die meisten Menschen.

Wer liebt und geliebt wird, ist glücklich. Das ist aber leider nur die eine Seite der Glücksmedaille, denn wenn auf der anderen Seite Liebe verloren geht, wenn Ehen und Partnerschaften scheitern, fühlen wir uns beispiellos unglücklich.

● **Wovon also hängt es ab, ob wir lieben und geliebt werden, Ehen und Partnerschaften halten?**

Seit vielen Jahren durchleuchten Wissenschaftler unser Gehirn, um zu rekonstruieren, was das Chamäleon *Liebe* in unserem Kopf anrichtet und welcher Hormoncocktail dem gefühlten Glück ungeahnte Höhenflüge beschert.
Es gibt heute gesicherte Erkenntnisse darüber, wie die Chemie der Liebe wirkt, wie eine Melange verschiedener Botenstoffe für Hochgefühle des Glücks sorgt: Die Hormone Östrogen und Testosteron sind die Impulsgeber für >Lust<. Die Sehnsucht nach >*romantischer Liebe*< wird von den Hormonen Oxytocin und Vasopressin getragen. Für das tief liegende Bedürfnis nach größtmöglicher Nähe und Verbundenheit, dem Wunsch nach einer >*Bindung für immer*<, sorgen das auch „Kuschelhormon" genannte Oxytocin und der Botenstoff Serotonin.

Durch medizinische Lauschangriffe auf die Liebe ist man zwar den Glückshormonen auf die Spur gekommen, die für Hochgefühle des Glücks sorgen, unsere Gedanken und Gefühle, die dieses Hochgefühl zulassen, begleiten oder hervorrufen, können Wissenschaftler aber noch nicht lesen. Einen Botenstoff, der verhindern kann, dass heute viele Ehen wieder geschieden werden, wird die Wissenschaft jedoch auch in Zukunft nicht benennen können: *Diese Aufgabe würde jeden Botenstoff heillos überfordern.*

Liebesglück ist die Erfahrung von Verzauberung und Verletzung, von Erfüllung und Enttäuschung. Man träumt davon, die große Liebe des Lebens zu finden, die für immer hält.

Doch egal, wie glücklich eine Beziehung ist, letztendlich ist die Sehnsucht immer wieder einmal größer als die Erfüllung. Und das ist keineswegs ein pessimistisches Bild von Liebesglück. **Denn es ist die Sehnsucht, die den Brückenschlag immer wieder schaffen kann, mehr Kreativität in Ehen und Bindungen fließen zu lassen, die uns immer wieder an die Quelle des Liebesglücks zurückbringen kann.**

==Erst mit der bewussten Annahme der Erkenntnis, dass der Zusammenhalt von Bindungen von unserer Einstellung, unserem Bewusstsein und unserer Erwartung getragen werden, haben wir viel in Händen für die Gestaltung unseres Liebesglücks.==

Wenn absolute Liebe, Halt, Geborgenheit erwartet werden, sind Gefühle des unglücklich seins programmiert, weil kein Mann, keine Frau so viel geben kann. Menschliche Gefühle sind eben nicht konstant, sondern wechselhaft!
Wenn wir uns an einen Menschen binden, müssen wir ganz be-

wusst, jenseits von Idealvorstellungen, den Menschen mit all seinen Schwächen akzeptieren. Gelegentlich *enttäuscht sein ist kein Jammern. Enttäuschung in diesem Sinn ist kein Schrumpfen, sondern ein Wachsen: Sie überwindet die Täuschung der grenzenlosen Erfüllung und Projektion in Gestalt des Partners.* So geht man durch den Schmerz des vorübergehend unglücklich seins hindurch und kann dankbar sein für das Schöne, das man erlebt, für die Zärtlichkeit, für die Glücksmomente, statt einander anzuklagen.

Liebesglück zerbricht an überzogenen Erwartungen und Sprachlosigkeit.

Viele Ehen werden heute geschieden und Partnerschaften gehen auseinander, weil sich die Menschen auseinander gelebt haben, weil die Gefühle füreinander erstarrt sind.
Ein Neuanfang aus Beziehungskriesen kann gelingen. Wichtig ist, aus den Gründen, die in die Krise geführt haben, zu lernen und diese Erkenntnisse in verändertes Denken und Handeln umzusetzen. Und das ist kein leichter Weg.

Eine verständnisvolle Kommunikation, ein partnerschaftlicher Umgang auf Augenhöhe hilft, sich zwischenmenschlich einfühlsamer zu verständigen. Dazu zählt vor allem: Miteinander reden, zuhören, auf die Anliegen des Partners einfühlsam und liebevoll einzugehen. Die Sprachlosigkeit zu überwinden, ebnet den Weg, Probleme und Herausforderungen besser zu meistern.

Für das Gelingen einer einfühlsamen und liebevollen Beziehung, in der jeder sein <Selbst> frei zum Ausdruck bringen kann, in der Raum bleibt für den Weg zu einem <Selbst>, lohnt es sich, Anstrengungen für eine verständnisvolle Gesprächsführung auf sich zu nehmen.

Machen Sie sich die Mühe und suchen Sie sich im Buchhandel dafür entsprechende Ratgeber; z.B. den Klassiker „Miteinander reden", Friedemann Schulz von Thun, Rohwolt Verlag, ISBN 3-499-17489-8.

Sie können dann Schritt für Schritt besser durchschauen, wie komplex und für uns unbewusst unsere tägliche Gesprächsführung abläuft.

Für eine geglückte Kommunikation ist es grundsätzlich gut zu wissen, dass sich der Inhalt unserer Gespräche – für viele unbewusst – aus vier Mitteilungen besteht: Einer Sachinformation, einem Appell, unsere Befindlichkeit wird offenbart und wir „verraten" etwas darüber, was wir über den anderen denken. Wenn wir Schritt für Schritt unsere Gesprächsführung bewusst verbessern, werden wir konfliktfähiger und wir tun sehr viel für das Gelingen einer liebevollen Partnerschaft

Eine harmonische Partnerschaft, eine glückliche Familie gelingt mit liebevollem Umgang, Verständnis und Toleranz, Respekt und Kompromissfähigkeit bei Konflikten. Und das bedeutet Arbeit – Tag für Tag.
Diese Arbeit ist keine Schwerstarbeit am Ich – es ist vielmehr eine bewusst, mit innerer Überzeugung eingeschlagene Richtung für ein anhaltendes liebevolles und einfühlsames <Füreinander>.

Dies gelingt um so besser im Wissen, dass wir nach einer Trennung, in der neuen Partnerschaft, nicht die heile Welt finden. Auch dann kann wieder die Sehnsucht nach mehr kommen – und das alte Spiel von Erfüllung und Enttäuschung beginnen.

● **Werden Sie Ihr persönlicher Glücks-Coach**

▷ Man muss sich nicht mit dem Thema >Glück< beschäftigen, um glücklich zu sein oder zu werden.

▷ Wer sich mit diesem Thema beschäftigt, ist deshalb nicht zwangsläufig unzufrieden oder unglücklich.

▷ Wer sich nicht mit dem Thema >Glück< beschäftigt, ist deshalb nicht zwangsläufig zufriedener bzw. glücklicher als andere.

▷ Mehr Wissen über >Glück< macht nicht automatisch zufriedener oder glücklicher.

Die Chancen, Ihr Leben positiver und glücklicher zu gestalten, stehen aber für Sie besonders gut, wenn Sie sich dem Thema >Glück< nicht verschließen. **Sie öffnen sich vielmehr für bislang unbekannte und unbewusste Möglichkeiten, neue Glücksbringer zu entdecken und um Glücksblockaden erfolgreicher überwinden zu können.**

Viele Menschen halten oft ganz *unbewusst* oder gegen ihre Überzeugung an Einstellungen und Gewohnheiten fest, die ihnen nicht gut tun, die ihrer Glückserfahrung im Weg stehen. Weiterzumachen wie bisher ist keine weitsichtige Option in dieser Situation.

Die Suche nach dem Glück ist in unserer Spezies programmiert. Unser genetisches Erbgut leistet einen wichtigen Beitrag für unsere Glücksfähigkeit.

Doch wie sich verändern? Die Einsicht, dass der Weg ins Glück über verändertes Denken führt, über mehr innerliche Zuwendung, öffnet dafür Türen.

Verändertes Denken ist der Auslöser für verändertes Handeln. *Dieser Lernprozess ist keine „Schwerstarbeit am Ich", sondern ein fürsorglicher Umgang mit sich selbst.* Durch bewusste Aufmerksamkeit, Selbstreflexion und durch bewusstes Aufspüren und Nachfühlen, welche Gedanken gut tun und welche belasten, gelingt es, den mentalen Kompass so auszurichten, dass er innere Glücksgefühle überhaupt zulässt.

Unsere Gedanken können uns daran hindern, oder dafür öffnen, Glück zu empfinden. Allseits angenommene Glücksbringer hingegen entpuppen sich oft konsequent als Glücksillusionen.

● **Wir sind unseren Genen nicht hilflos ausgeliefert.**

Die Glücksforschung hat zutage gebracht, dass Gene und Persönlichkeit für unsere Möglichkeiten, Glück zu empfinden, einen wichtigen Beitrag leisten.
Damit sind nicht „gute Gene" im Sinne von vollem Haar, Musikalität oder Gardemaß gemeint, sondern die Disposition der Persönlichkeit.
Gemeint sind individuelle Merkmale im Denken, Verhalten und Erleben, die auch das Temperament eines Menschen umschreiben. Zu den Persönlichkeitsmerkmalen gehören u.a.:
Extraversion – also wie sehr jemand aus sich heraus und auf andere zugeht; Verträglichkeit – also wie gut jemand mit anderen auskommt; psychische und soziale Anpassungsfähigkeit; Emotionalität; Selbst- und Kompetenzeinschätzung.

Eine wichtige Frage dabei ist, welche Persönlichkeitsmerkmale angeboren und welche durch äußere Einflüsse geprägt wurden. Im Wohlstandsland wie Deutschland geht die Forschung davon aus, dass die Persönlichkeit zu 60%-70% genetisch geprägt ist und zu 30%-40% durch Umgebungseinflüsse wie Erziehung, Schule, Freunde und Erfahrungen.

Jeder von uns hat also eine individuelle Disposition dazu, eher glücklich oder unglücklich, eher zufrieden oder unzufrieden zu sein.

Eine Disposition ist aber keine Ausweglosigkeit, sie ist ein mehr oder weniger vorgeebneter Pfad. Ihn anzuerkennen ist wichtig. Wodurch oder wie tief er für jedem Einzelnen geebnet ist, können wir nur schwer ergründen und das ist für unsere Glückssuche auch nicht sinnvoll.
Denn andernfalls könnte er uns davon abhalten, einen alternativen Pfad zu suchen und einzuschlagen.

Ein Beispiel aus der Tierwelt verdeutlich diesen Gedanken: Die Hummel hat eine Flügelfläche von 0,7 Quadratzentimeter, bei 1,2 Gramm Gewicht. Nach den bekannten Gesetzen der Flugtechnik ist es unmöglich bei diesem Verhältnis zu fliegen. Die Hummel weiß das nicht. Sie fliegt einfach.

Zurück zu unserer Lebensrealität: Die Glücksforschung belegt durchaus, dass unsere Lebensumstände unser subjektives Glücksempfinden stark beeinflussen.

● **Die große Verführungskraft der Geldillusion**

Wir leben in einer materialistischen Zeit. Geld ist per se aber nichts Schlechtes. Geld ist ein besonders wichtiger Treiber für Fortschritt und Wohlstand, weltweit.

Jeder von uns spürt täglich die Bedeutung und Abhängigkeit von Geld. Davon können wir uns nicht völlig frei machen. Denn Geld ist die Grundlage zum Leben und Überleben. Und es ist darüber hinaus eine Voraussetzung, um nicht vom sozialen und kulturellen Leben ausgeschlossen zu bleiben. Und Freude und Erfüllung zu finden, kann so durchaus vom Geldbeutel abhängen.

Wenn Geld und Besitz allerdings immer wichtiger werden im Leben, und mit gewaltigen Kraftanstrengungen verbunden sind, drängen sich allmählich die Nachteile in den Vordergrund, die mit mehr Geld haben wollen verbunden sind.
Es gibt die große Verführungskraft nach größeren Reichtümern und nach noch mehr Besitz zu jagen – sie wird von der Geldillusion gespeist.

Die Geldillusion ist eine folgenschwere Selbsttäuschung, weil dahinter nicht erfüllbare Wunschvorstellungen stehen, die durch das Streben nach Geld und Besitz unbewusst überdeckt werden.

Welcher Weg führt aus der Geldillusion heraus? Es ist die Klärung, welche Bedürfnisse, Wünsche, Ziele und Sehnsüchte, die jenseits von Geld und Besitz tiefer liegen und noch *unbewusst* sind, bislang unerfüllt blieben. Das gelingt, indem man sich mehr Aufmerksamkeit schenkt, sein Körperbewusstsein entdeckt. Es wird damit quasi das „Unterbewusstsein angesprochen" und dadurch wird spürbar, dass der Mangel an Zuneigung und Liebe oder Wertschätzung, Anerkennung und Respekt durch das Streben nach Haben überdeckt wird.

Der Weg aus der Geldillusion führt über die Erkenntnis: Ohne Geldillusion verlieren Geld und Besitz schnell an Wert – es ist der Weg zu sich selbst, zu den tiefer liegenden menschlichen Bedürfnissen.

Neben der beschriebenen Geldillusion, die sich aus materiellem Überfluss speist, gibt es andere Facetten der Geldillusion, die nicht *zwangsläufig* an hohe Einkommen gekoppelt sein müssen. Heute müssen immer mehr Menschen mit weniger Geld auskommen, oft unabhängig von der beruflichen Qualifikation und es muss >verzichten zu können< gelernt werden, und das ist für die Betroffenen meist schwierig und belastend. Aber auch der >Verzicht< – **jenseits von Armut,** wird von der Geldillusion begleitet, weil die Vorstellung genährt wird: Wenn man mehr Geld hätte, würde man glücklicher sein. Und auch das ist eine Illusion. Zwar macht Geld das Leben leichter und Geld hat starken Einfluss auf den sozialen Status. Gleichwohl macht Geld jenseits von Armut dennoch nicht wirklich glücklicher.

● **Welchen Einfluss hat Geld auf unser Glück?**

Geld und Glück sind scheinbar untrennbar miteinander verbunden. Wir dementieren es ständig, davon zeugen unsere Sprichwörter: „Geld macht nicht glücklich", „Glück kann man mit Geld nicht kaufen".
In einer Gesellschaft, in der Leistung und Geld durch das Burnout-Syndrom und eine Wirtschaftskrise in Verruf geraten sind, gewinnt die Auffassung an Bedeutung, dass nicht materielle Werte für unser Glück wichtig sind und Bescheidenheit ein erstrebenswertes Ziel ist.
Zwar legen sehr viele Menschen quer durch die Zeitalter und gerade jetzt überall auf der Welt Lippenbekenntnisse ab, dass man

Glück mit Geld nicht kaufen könne, sie handeln dennoch genauso, als wäre es doch möglich. Der Grund: In der Realität des Alltags und unserem Unterbewusstsein herrscht ein über Jahrzehnte etabliertes Wertesystem.
Indem Wirtschaftswachstum zur Bedingung der gesellschaftlichen Weiterentwicklung gemacht wurde, ist Geld automatisch ein Entwicklungsmaßstab auch für den Einzelnen in der Gesellschaft geworden. Fakt ist, dass ein gesichertes Auskommen für unser Glück nicht belanglos ist und Armut dem Glücksgefühl abträglich ist. Doch Geld ist weit mehr als die Quelle der Existenzsicherung geworden: Menschen ziehen aus ihren Finanzen Status und Selbstwertgefühl.

Die Glücksforschung ist eine Hilfe, um diese verschlungene Beziehung zwischen Glück und Geld in der heutigen Gesellschaft etwas aufzuhellen.

Erkenntnisse des bekannten Glücksforschers Prof. Richard Layard von der London School of Economics belegen: Viele Menschen sind wohlhabender oder reicher geworden, sie arbeiten weniger, sie haben länger Urlaub, sie reisen häufiger, sie leben länger und sind gesünder. Dennoch sind sie nicht glücklicher.

Zum gleichen Ergebnis kommt das Zentrum für angewandte Wirtschaftsforschung in Münster in einer Studie (Dez. 2009): Geld allein macht nicht glücklich. Schon seit zwei Jahrzehnten versucht die internationale ökonomische Glücksforschung zu klären, ob steigender materieller Wohlstand gemessen am BIP (Brutto-Inlands-Produkt) dauerhaft glücklicher macht. Die Ergebnisse sind eindeutig: Der Glücksindikator weist in den jeweils erforschten Ländern keinen steigenden Trend auf, obwohl das BIP je Kopf heute erheblich höher ist, als vor zwanzig Jahren.

Glück und Geld sind zwei
sehr weitläufige Verwandte.

Jenseits der materiellen Lebensbedingungen für unser Glück, nimmt in jüngster Zeit die Bedeutung der Familie für das Glücklichsein wieder zu. Der Mitte 2012 erschienene „Deutsche Post Glücksatlas" belegt dies. Diese umfassendste Untersuchung zur Lebenszufriedenheit hierzulande zeigt, dass zwei der drei Top-Glücksbringer abhängen von den Menschen, die uns am nächsten stehen: es sind Ehepartner und Lebensgefährten sowie Freunde. Dritter wesentlicher Glückspfeiler ist die Gesundheit.
Was überraschen mag: Mehr Geld – etwa in Form einer Lohnerhöhung – rangiert vergleichsweise weit unten auf der Rangliste der Glücksbringer. Arbeitslosigkeit hingegen gehört zu den gravierendsten Glückshemmnissen.

● **Vom Geld-„Haben" und Glücklich-„Sein".**

Geld ist kein ausschlaggebender Glücksfaktor und schon gar kein sicherer. Doch weder dürfen wir die Bedeutung des Geldes in unserem Leben überschätzen – noch sollten wir sie ignorieren. Es gilt eher eine souveräne, selbstbestimmte Haltung dazu zu entwickeln.
Wie zufrieden wir mit unserem Einkommen sind, ist auch eine Frage der persönlichen Wünsche und Ansprüche. Sie können frustrierend vorauseilen entlang straffer Vorbilder oder sich davon ein Stück weit lösen zu Gunsten nichtmaterieller Ziele.

Wo beginnen materielle Ziele zum Selbstzweck zu werden? Wo dienen sie dem Selbstwert? Wer seine materiellen Wünsche bewusst auslotet und hinterfragt, braucht gefühlt und de facto weniger Geld, um glücklich zu sein: Er erkennt die relative Bedeutung von Geld als Glücksfaktor.

Der Lohn dafür, die eigenen materiellen Ziele zu hinterfragen ist ein Schritt in Richtung Glück im Sinne von glücklich sein: Denn wer sich in die hedonistische Tretmühle (also das ausgeprägte Streben nach materieller Lustbefriedigung) begibt, für den wird Glück immer auf der nächst höheren Stufe liegen, er wird ihm hinterherlaufen. Wir nehmen an, unsere starke Sehnsucht nach etwas, zum Beispiel nach einem größeren Haus, einem besseren Auto, einen Urlaub auf einer fernen Südseeinsel bedeutet, dass uns die Dinge, wenn wir sie erst einmal haben, glücklich machen. Diese kausale Verbindung besteht, währt aber nicht lange: Die kurze Hochstimmung verfliegt schnell und verlangt nach mehr. Das Haltbarkeitsdatum materieller Glücksgefühle ist somit kurz. Indem die Glückswirkung verebbt müssen neue Wünsche gefunden und befriedigt werden. Daran arbeitet eine ganze Industrie: Werbung soll nicht Glücksgefühle, sondern Gefühle des Defizits wecken.

Aus der hedonistischen Tretmühle herauszukommen ist daher kein einfacher Weg: Das Ziel ist aber klar: **Genießen und schätzen was wir bereits haben.**
Unsere Psyche ist jedoch so ausgestattet, dass wir uns Neuem relativ schnell und gut anpassen können – es ist dies eine sinnvolle Folge der Evolution und ein wichtiger Überlebensfaktor der menschlichen Spezies. Und das führt auch dazu, dass wir uns schnell an die Annehmlichkeiten, die das Leben bietet, gewöhnen und vieles als selbstverständlich empfinden, was wir besitzen.
Altes muss schnell durch Neues ersetzt werden, damit sich wieder ein „Kick" einstellen kann. Genießen, was wir besitzen ist schwieriger als wir zunächst annehmen. Warum ist das so? Weil es mühsam und anstrengend ist, sich ständig einer Sache bewusst zu bleiben, die wir bereits haben.

Genießen und schätzen was wir besitzen, ist eine bewusste Aktivität: Wir können nur wirklich genießen was wir haben, wenn wir wissen, dass wir genießen. Dafür müssen die Sinne bewusst aktiviert werden. Etwas bewusst anschauen, hören, schmecken, riechen, fühlen.

Oft merken wir nur dann noch etwas bewusst, was wir haben, wenn wir es gerade erworben haben. Je wichtiger die allerneueste Anschaffung ist, umso länger bleibt sie im Bewusstsein gegenwärtig. Doch im Laufe der Zeit verblasst alles, sogar die Tatsache, ein schönes Auto oder Haus zu besitzen.

Ein Erfolg versprechender Weg aus der hedonistischen Tretmühle ist der Weg nach innen durch bewusstes, verändertes Denken. Und Denken können wir zu einem guten Teil selbst steuern:

▷ **Bewusst genießen, was wir haben und Gedanken stoppen, die darauf gerichtet sind, was scheinbar zum Genuss fehlt.**

▷ **Bewusst innehalten und bei dem verweilen, was wir haben.**

▷ **Anderen den Besitz gönnen, den sie genießen können.**

▷ **Erst wenn Dinge und Werte schwinden, wenn man glaubt, dass einem alles verloren geht, gewinnen sie häufig wieder an Wert. Das frühzeitig zu erkennen stärkt unsere Fähigkeit, zu genießen und zu schätzen, was wir bereits haben.**

Indem wir die Bedeutung von Geld und materiellen Wünschen in unserem Leben hinterfragen und relativieren, werden wir automatisch freier und damit glücklicher: Wir emanzipieren uns und gewinnen die Freiheit, Glück abseits des Materiellen und Flüchtigen zu entdecken.

Glücksmomente erleben –
die Sinne aktivieren und
bewusst schauen, hören,
schmecken, riechen
oder fühlen.

So gilt es, die Ambivalenz von Geld zu akzeptieren:
▷ Unsere Lebenszufriedenheit wird durchaus vom Geldbeutel beeinflusst.
▷ Armut kann unglücklich machen.

ABER:
▷ Wenn wir die Bedeutung des Geldes in unserem Leben relativieren bzw. verringern, werden wir automatisch freier und glücklicher.
▷ Mit dem Geld, das wir für andere ausgeben, vergrößern wir unsere Glückserlebnis-Chancen.

Haben oder Sein? Was wir damit tun ist das „Haben" vom Glück zu lösen. Materielle Dinge sind – ebenso wie körperliche Vorzüge – Umstände mit nur sehr bedingter Relation zu einem glücklichen Leben. Der von vielen ersehnte Lotto-Gewinn, ein Karrieresprung, ein großes Haus: Das Haltbarkeitsdatum dieser Glücksgefühle ist kurz und nicht wertbeständig in der Erinnerung. Denn es lebt vom Vergleich und wird immer vom nächst Besseren entwertet.

Welche Momente, welche Ziele aber schaffen es, Bestand zu haben und wie sind sie erreichbar?
Es sind die kleinen Dinge und die Aufmerksamkeit dafür, sie zu genießen wie beispielsweise Zeit mit der Familie oder Freunden zu verbringen, engagierte Diskussionen, respektvolle Arbeitsbeziehungen, ein bewegender Film, das Konzert oder ein gutes Essen.

==Es sind die unspektakulären Momente, die uns erfüllen und, indem wir sie uns öfter erschließen, zu einer Einstellung werden. Sie stärken uns damit weit über den Augenblick hinaus und sind doch ständig erreichbar.==

Glücksgefühle sind die unerwartete Nebenwirkung unterschiedlicher Aktivitäten und Verhaltensweisen.

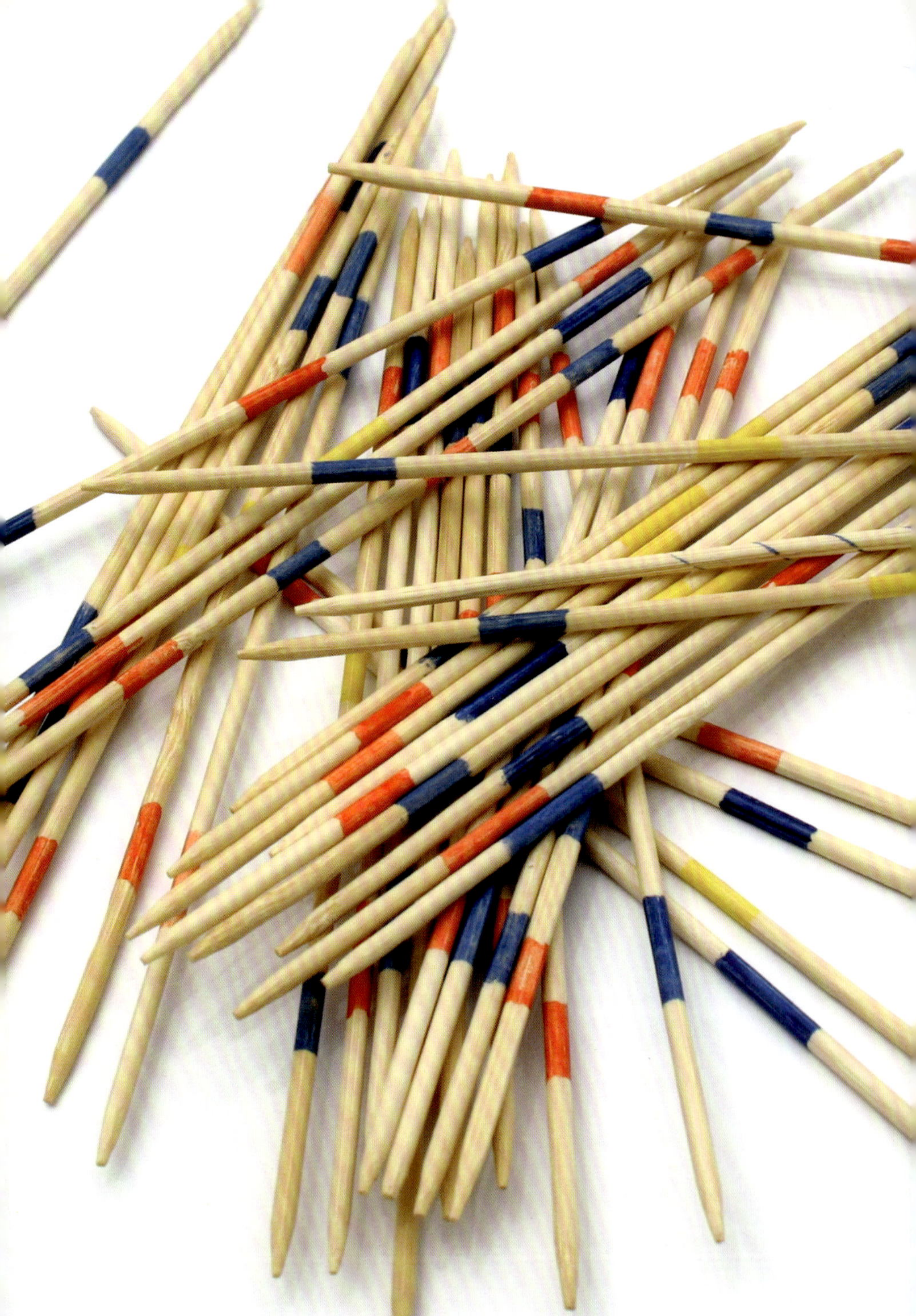

II. Es gibt Hindernisse und Chancen.

● **Wir-Orientierung macht glücklicher als Ich-Orientierung.**

> Erfüllende Glücksgefühle spüren wir weniger durch Beschäftigung mit uns selbst – Glück beginnt, wo wir wegkommen vom <Ich>.

Andere glücklich zu machen ist ein sicherer Fokus, um Glück zu erleben. Es ist beglückender, als der Fokus auf das eigene Glück. Aktivitäten, die gezielt nur auf unser persönliches Tun ausgerichtet sind, lösen meist ein schwächeres Glücksgefühl aus, als Handlungen, bei denen wir mit anderen Menschen verbunden sind und die ein selbstloses Grundmotiv haben. Der gesteigerte Stellenwert von Glück in Verknüpfung mit Anderen entspricht unserer urbiologischen sozialen Veranlagung, eine Fortsetzung unseres Überlebensinstinktes.

„In jedes gute Herz ist das edle Gefühl von der Natur angelegt, dass es für sich allein nicht glücklich sein kann, dass es sein Glück in dem Wohl des Anderen suchen muss"
(Quelle: Goethe, Gross-Cophta; A6/621).

Aus der Apostelgeschichte lernen wir, dass Geben seliger ist als Nehmen und diese uralte Maxime spricht für sich selbst und ist ein sicherer Auslöser für Glücksmomente.

Glück ist vor allem dann Glück, wenn man es mit jemand teilen kann. Jemand glücklich zu machen, löst fast automatisch Glücksgefühle bei einem selbst aus. Die Vollendung des Glücks ist Glückseligkeit und bedeutet, Menschen bedingungslose Liebe zu schenken.

Wer sich nicht auf der Schwelle des Augenblicks niederlassen kann, der wird nie erfahren, was Glück ist.

● Glück ist ein Augenblick.

Wir wissen es und es ist hilfreich, sich immer wieder bewusst zu machen: Glück ist der Augenblick – die Jetztzeit ist die stärkste Zeit. Zehren von der Vergangenheit ist verständlich und normal. Der Zukunft mit Hoffnung entgegenzusehen ist gut. Wie in der Architektur dienen solche Fluchtpunkte aber dazu, guten Raum in der Gegenwart zu schaffen: Tiefe Freude und Spaß empfinden wir nur gegenwärtig, oft nur in einem sehr flüchtigen Augenblick. Hier und jetzt – da war er! Ihn planen oder wiederholen, selbst im identischen Setting, das kann man nicht. Jetzt, heute ist die stärkste Zeit, die wirkliche Zeit, die beste Zeit, nicht jederzeit oder irgendwann. Wir können Glück nur im Hier und Jetzt spüren. Indem wir es mit demselben Blick außerdem auf die Vergangenheit und auf die Zukunft empfinden, tun wir das Beste für sie. ==Versuchen Sie nicht dem Geschehen gedanklich immer einen Schritt voraus zu sein. Seien Sie dort, wo das Leben stattfindet, nämlich genau hier, jetzt.==

Und dieses Sein im Jetzt bedeutet, sich bewusst zu sein, was man gerade tut. Beispielsweise: Wenn ich esse, esse ich. Wenn ich gehe, gehe ich. Wenn ich arbeite, arbeite ich. Wenn ich telefoniere, telefoniere ich.

> **Ich bin gelassen und entspannt im hier und jetzt** < ist eine Gedankenformel, eine Affirmation, die uns helfen kann, immer wieder in die Spur der Jetztzeit zu kommen.
Die Affirmation hilft, sich von belastenden Gedanken zu befreien, die rückwärts gerichtet sind wie z.B. *unbegründete* Selbstvorwürfe oder Schuldgefühle, oder *überzogene* Sorgen und Ängste, die auf die Zukunft gerichtet sind und uns *unglücklich* machen.

Sobald Ihnen bewusst wird, dass Ihre Gedanken zu häufig von dem abweichen, was Sie gerade tun, was normal ist und immer wieder passieren wird, können Sie sich immer wieder mit der Gedankenformel in die Jetztzeit zurückholen. Und das erfordert, seine Aufmerksamkeit immer wieder bewusst auf das zu richten, was man gerade tut, was um einen herum geschieht. So werden viele Begegnungen und Aktivitäten erst zu erfüllenden Erlebnissen.

Der bedeutende Psychologe Mihaly Csikszentmihaly nennt das höchste Glücksgefühl Flow (engl. 'Fließen', im Fluss). Es ist die Konzentration auf den Augenblick. Der Langstreckenläufer erlebt es beim Marathon beispielsweise ebenso wie der Komponist beim Komponieren.

Schätzen Sie bewusst die Jetztzeit. Die Aufmerksamkeit auf das, was Sie gerade tun oder erleben zu lenken, ermöglicht Ihnen, das reine Gefühl für das <Sein> immer wieder zu finden, die pure Freude am Leben.

- **Glück ist die unerwartete Nebenwirkung der Hinwendung zum Jetzt.**

Glücksgefühle können nicht durch bewusstes Anstreben der Zielsetzung „Glück" erreicht werden. Nicht durch Rezepte und Strategien erleben wir Glück, sondern es entsteht meist aus unspektakulären, oft neuen Aktivitäten, die sehr unterschiedlich sein können. **Glücksmomente sind die Nebenwirkungen ganz anderer Zielsetzungen.** Aber sie sind das Produkt von Aktivität.
Keine Lust zu irgendetwas zu haben, macht unglücklich. Werden Sie aktiv, verlassen Sie eingefahrene Gleise und schützen Sie sich so vor zu viel Routine: Sie kann in Erstarrung münden, weil sie die Sinne unterfordert.

Glück ist meist ein Augenblick,
aber Glück gleicht an Höhe aus,
was ihm an Länge fehlt.

● Quellen des Glücks: In uns und um uns herum.

Oft ist es uns gar nicht bewusst, dass so vieles zur Selbstverständlichkeit geworden ist und daher keinen stimulierenden Einfluss mehr hat auf unser Glücksempfinden.
Es ist wie in der Geschichte, in der zwei junge Fische einem alten Fisch begegnen, der in der Gegenrichtung schwimmt. Der alte Fisch fragt: "Na wie gefällt euch das Wasser?". Die jungen Fische schwimmen zunächst weiter, dann fragt der eine den anderen verwundert: "Was zum Teufel ist Wasser?"

Wir sind unseres Glückes Schmied.
Eine Vielzahl von Aktivitäten löst das Gefühl von Glück aus, ohne dass wir bewusst Glücksgefühle ansteuern. Unsere Sehnsucht nach Glücksgefühlen ist der unbewusste Treiber für viele Aktivitäten und für den Wunsch nach sinnvollen Tätigkeiten.
Für jeden Menschen ist Glück ein ganz persönliches, individuelles Empfinden. Gleichwohl können Anregungen, wie die nachfolgenden beispielhaft vorgestellten Glücksquellen, eigene Ideen für glückspendende Aktivitäten auslösen. Mit etwas Anstrengung ist die „Glückssuche" allerdings verbunden. Dazu gehört weniger Disziplin oder Wille, sondern mehr Mut: Der Mut, dass Sie gelegentlich eingefahrene Gleise verlassen, etwas anderes wagen und verschüttete Neugier freilegen. Gehen Sie auf diese Möglichkeiten zu, denn auf das Glück zu warten, ganz ohne eigene Bemühungen, dauert sehr lange.

Senden Sie einem Menschen einen wohlwollenden Blick mit der einzigen Absicht: „Dem hier vor meinen Augen soll es gut gehen! Ich wünsche es ihm von ganzen Herzen". Eine Geste, die unvergleichlich gut tut: Der Blickempfänger ist glücklich und der Blicksender auch.

Halten Sie in der Natur bewusst inne. Denn Glück ist die Schönheit der Natur besonders dann, wenn sie bewusst in der Jetztzeit wahrgenommen wird. Der weite Blick von einem Berg ins Tal. Ein Bad in einem klaren See an einem heißen Sommertag. Ein blühendes Rapsfeld. Der Geruch nach frischem Heu. Ein Sturm am Meer. Aber auch: Die erste hoch stehende Abendsonne, die bis in die Schnörkel der alten Stadtfassaden hinabreicht, um sie rosa zu färben.

Suchen Sie das Sorgsame. Genießen Sie bewusst den Geruch von frischen Brötchen in einer guten Bäckerei und nehmen Sie sich die Zeit statt im Supermarkt auf dem Wochenmarkt einzukaufen, es macht glücklich.

Beobachten Sie lachende und spielende Kinder, und ihre beglückende Leichtigkeit des Seins.

Machen Sie sich Dinge wieder kostbar. Glück entsteht aus erlebter Einschränkung und Sehnsucht, sei es zwangsweise oder durch selbst bestimmte Zurückhaltung. In der Not der Nachkriegszeit wurde das kleine Stückchen Fleisch, das sonntags auf den Teller kam, bis zum Schluss aufgehoben, um es möglichst intensiv auszukosten – es wurde zu einem Moment des Glücks. Ein 250-Gramm-Steak kann dieses Gefühl heute natürlich nicht mehr auslösen. Aber durch freiwillige Selbstbeschränkung, bezogen auf viele Wünsche, können wir in der ständigen Saturiertheit kleine Lücken der Sehnsucht schaffen und damit die Chancen für Glücksmomente vergrößern.

Erkennen Sie das Besondere im Selbstverständlichen an. Seien Sie mehrmals am Tag bewusst dankbar für Dinge, die wir als alltäglich hinnehmen: die freundliche Bedienung in einem Ge-

Kinder beim Spielen beobachten, löst Momente des Glücks aus.

schäft, ein Lächeln beim Verlassen der U-Bahn, den Anruf eines Freundes oder die Sonntagszeitung, die der Bote extra vor den Briefkasten legt, um sie nicht zu verknicken.

Unsere Lebenswelt ist eine privilegierte. Machen Sie sich bewusst, dass wir hier in Deutschland seit über 65 Jahren auf einem gesegneten Flecken Erde leben und den man, wenn man ehrlich ist, nicht so leichtfertig eintauschen möchte. Jedenfalls nicht länger als für ein paar Wochen.

Schmieden Sie Reisepläne. Ferien setzen Glückshormone frei und beglückende Vorfreude.

Machen Sie anderen Menschen spontan ein aufrichtiges Kompliment. Sie lösden damit ganz unmittelbar, auch bei sich selbst, Glückgefühle aus.

Gebrauchen Sie Ihre Empathie. Ihr „hörendes Herz" lässt Sie erkennen, wer in Ihrem Umfeld ein wenig Unterstützung braucht – es nicht zu übersehen macht glücklich.

Genießen Sie ohne Anlass. Hören Sie Ihre Lieblings-CD im Auto endlos lange, schauen Sie dem Partner in die Augen, gehen Sie mit nackten Füßen über Rasen.

Überwinden Sie alte Denk -und Wahrnehmungsmuster. Was Sie bereit sind zuzulassen und für möglich halten, was Sie erlauben, Realität zu werden, was Sie sehen und sich eingestehen, statt es zu übersehen, wegzudrängen oder zu ignorieren, das kann das Leben auch glücklicher machen.

Übertreffen Sie Erwartungen: Tun Sie einfach mal etwas, was andere nicht erwarten und lösen Sie sich damit auch ein Stück aus Ihrer eigenen Erwartungshaltung. Überraschen Sie jemanden mit einem selbst gebackenen Kräuter-Olivenbrot. Oder wecken Sie Ihren Partner mit „Das Frühstück ist fertig" und einem liebevoll gedeckten Tisch.

Bestärken Sie andere Menschen durch aufrichtige Anerkennung. Es ist dies eine der stärksten Quellen für Glücksmomente, die auch der spürt, der die Anerkennung ausspricht.

Steuern Sie bewusst das Anregungsmilieu für Glück an: Die Spielewelt der Kinder.

Beherzigen Sie Kraft als Glück. Machen Sie sich bewusst, dass Glück nicht darin besteht, wenig oder keine Probleme zu haben, sondern sie mit Optimismus und Zielstrebigkeit zu überwinden.

Teilen Sie gute Erlebnisse: Wenn Sie frische Zutaten einkaufen, um mit Freunden gemeinsam zu kochen und zu essen, erleben Sie Glücksgefühle.

Schenken Sie anderen Menschen ein ehrliches, absichtsloses Lächeln. Es überträgt sich auf diese und löst positive Emotionen aus – beim 'Sender' und 'Empfänger'.

Gewagtes Vertrauen macht Sie glücklich. Denn Menschen, die nicht vertrauen, sind orientierungslos und Menschen, denen kein Vertrauen entgegengebracht wird, fühlen sich wertlos.

Entschleunigen Sie ab und zu. Denn das macht glücklich. Zum Beispiel durch einen fernsehfreien Abend oder den Verzicht auf Mobiltelefon, Laptop, TV und iPod an einem Wochenende.

Mal bin ich entspannt, weil ich glücklich bin, mal bin ich glücklich weil ich entspannt bin. Glück ist nicht nur die Folge positiven Handelns, sondern oft auch deren Ursache.

Geben Sie das Kommando ab. Schenken Sie für einen Tag einem Menschen das Sagen über den Tagesablauf. Das macht glücklich, weil Sie so eingefahrene Verhaltensmuster und Gewohnheiten auflockern und dadurch Neues erleben.

Wenden Sie sich vom Haben zum Sein: Mit diesen Momenten schenken Sie der Welt Aufmerksamkeit und erarbeiten sich damit eine achtsame Haltung gegenüber sich selbst: Sich selbst gegenüber aufrichtig zu bleiben und selbst zu wissen, wo die eigenen Stärken und Schwächen liegen, ist eine immer währende spannende und beglückende Aufgabe, aus der ein innerer Kompass entsteht. Denn Glück ist nicht nur die Folge positiven Verhaltens, sondern kann auch der Motor positiven Handelns werden

Sie spüren Glücksmomente als Nebenwirkung, wenn Sie:

- Sich aus der Ich-Bezogenheit lösen.

- Spüren, sich verändern zu können.

- Den Alltagstrott gelegentlich durcheinander bringen.

- Mithelfen, wie aus kleinen Menschen große werden.

- Traurige trösten.

- Mit Übermütigen lachen.

- Die Nähe zu Freunden suchen.

- Helfen, ohne einen Gegenwert zu erwarten.

- Ihrem Vater oder ihrer Mutter alles erzählen können.

- Wissen, dass Sie nicht allein sind.

- Gerechtigkeit bewusst üben.

- Die Mülltonne vom Nachbarn nach der Leerung zurückstellen.

- Einen Tag lang andere Verkehrsteilnehmer im Straßenverkehr vorlassen.

- Viele Gelegenheiten nutzen, um Vorurteile bewusst abzubauen.

- Menschen bewusst Aufmerksamkeit schenken.

- Menschen wieder Mut und Hoffnung geben.

- Einen Baum umarmen, um den Energiefluss zu spüren – oder seine Festigkeit.

- Menschen Vertrauen schenken und sich Freunden anvertrauen.
- Liebe schenken und spüren, dass Sie geliebt werden.

- Sich in Bescheidenheit üben.

- Eine Tafel Schokolade genießen.

- Babyhaut liebkosen.

- Menschen zuhören und Zeit schenken.

Das Glück ist wie eine Maßanfertigung. Unglücklich sind meist die Menschen, die die Maße eines Anderen erreichen möchten. Und die Ursache dafür liegt im Vergleich mit Anderen.

- Die tägliche digitale Überdosis reduzieren.

- Sich für Frieden einsetzen in der unmittelbaren Umgebung.

● Glücksblockaden überwinden, macht den Weg frei für Wohlbefinden

Die Widerstände auf dem Weg zu einem zufriedenen, glücklichen Leben, manifestieren sich in den fünf stärksten Glückshindernissen: **Neid, Vergleich, Absicht, Erwartung und Bewertung**

Die Überwindung dieser hartnäckigen Glücksbarrieren ist letztendlich ausschlaggebend für unser Glücksempfinden und unsere Glücksfähigkeit: Die Treppe zum Glück führt über diese Hindernisse hinaus. Sie zu erkennen, aufzulösen und damit die Quellen für Glücksmomente fühlbar werden zu lassen, sind die nächsten Schritte.

● Die Glücksblockaden Neid und Vergleich.

Der Vergleich mit anderen und der Neid auf ihr „Haben" sind zwei besonders weit verbreitete und effektive Glücksblockaden, die ein Tandem bilden: Der ständige Vergleich führt fast unabwendbar zu der Unzufriedenheit, aus der sich Neid speist. Beide wirken sich sehr negativ auf unsere Befindlichkeit aus.

Neid spüren wir, indem wir uns mit anderen vergleichen. Anders als Eifersucht ist Neid nicht auf „Zuneigung", sondern auf „Zugestehen" ausgerichtet: Der Neidische gesteht dem Beneideten etwas nicht zu, seinen Besitz, seine Fähigkeiten, seinen Erfolg, sein Aussehen oder sein Glück. Er gönnt es ihm nicht. In einigen Fällen setzt sich Neid dadurch fort, dass der Neidische behauptet, der Beneidete habe diesen Besitz unredlich erworben, seinen Erfolg erschlichen, seine Fähigkeiten nur vorgespiegelt. Immer aber setzt sich Neid nach innen fort. Er richtet sich gegen das eigene „Nicht-Haben" und damit das eigene Selbst.

Die Versuchung, des Vergleichs und damit auch für Neid ist groß: Unsere Welt fordert uns ständig dazu auf, die moderne Werbung lebt davon. **Das eigene Glück ist jedoch sehr unabhängig vom Haben und vom Haben anderer.**

Wir werden nicht glücklicher, wenn wir das hätten, was wir bei anderen beneiden: Denn in diesem Besitz sind eben jene Momente, die uns Glück erleben lassen, nicht automatisch enthalten. Sie werden verhindert durch Neidgefühle.
Wir können nicht verhindern, dass wir Neid empfinden, aber wir können ihn leicht entkräften.

Das beginnt mit einfacher *Selbstbeobachtung* (Selbstreflexion) und durch das Bewusstmachen unserer – oft unterschwelligen – Neidgefühle in Form von Gedanken. Welcher Natur sind diese Gedanken? **Sind sie anspornend und inspirierend oder schon negativ?** Meist löst Neid negative Gefühle aus. Wir spüren sehr genau, dass der Vergleich mit dem Anderen uns nicht gut tut. Und genau an dieser Stelle bzw. in dem Moment, wo für uns das Negative dieses Neidgefühls bewusst spürbar ist, können wir mit dem Veränderungsprozess ansetzen: Indem wir den negativen Gedanken keine Energie mehr geben und mit einem Gedankenstopp den Neidgedanken bewusst beenden und durch einen positiven Gedanken ersetzen: *„Ich gönne es ihm"* ist ein Gedanke, der das Neidgefühl langsam auflöst – in dem er die negative Ver-

Neid, Vergleich, Erwartung, Absicht, Bewertung sind die größten Hindernisse für unser Glücksleben.

kettung durchbricht und ein positives Gefühl zwischen das eigene Sein und das Haben des Anderen setzt.

Ereignis: Vergleich – Folge: Neidgedanken – Folge: negatives Gefühl = Schnittstelle für Bewusstmachen – Konsequenz: Gedankenstopp und veränderte Einstellung – Folge: neuer wohlwollender Gedanke – Folge: positives Gefühl.

Je häufiger wir diesen Gedankenablauf bewusst einleiten, desto häufiger entkräften wir Neidgefühle, was auch dazu führt, dass sie gar nicht mehr so schnell bzw. so stark entstehen. Die Belohnung für Ihre Mühe mit dem Neid sind gute Gefühle.

Rückfälle in alte Verhaltensmuster sind gerade im Umgang mit Neidgefühlen ganz normal. Sie sollten sie nicht mit Selbstvorwürfen zusätzlich belasten: Es gibt genug neue Möglichkeiten, es beim nächsten Mal besser zu machen. Sie bleiben trotz kleiner Rückschläge motiviert, weil sie spüren, wie gut ihnen die Überwindung tut.

Neidgefühle durch Wohlwollen Schritt für Schritt zu ersetzen, kann so zu einer normalen Verhaltensweise und authentischen persönlichen Einstellung werden.

● **Die Glücksblockaden Erwartung, Absicht und Bewertung.**

Bestimmen Erwartung, Absicht und Bewertung unser Denken und Handeln, können wir unerwartete Glücksmomente, Glück als Nebenprodukt, kaum noch wahrnehmen. Unser Fokus ist zu eng. Dieser blockierende Zusammenhang ist uns jedoch kaum bewusst. Es ist daher hilfreich, sich die negative Wirkung der

Glücksblockaden anhand einiger Alltagsbeispiele bewusst zu machen:
Ich halte einer Dame vor dem Supermarkt die Tür auf und *erwarte* ein Dankeschön. Ich schenke einem beruflichen Partner zum Geburtstag einen teuren Bildband mit der *Absicht*, meine Erfolgschancen bei ihm zu verbessern.

Ich lade Freunde zu einem Essen in die neue Wohnung ein und kredenze sehr teuren Wein mit der Absicht, dass ich Anerkennung bekomme. Das sind alltägliche Beispiele, die sehr häufig zur Quelle von Enttäuschungen werden und positive Handlungen negativ enden lassen. Obwohl ich Vorfahrt habe, lasse ich einen anderen Autofahrer vor mir einbiegen – und erwarte von ihm z.B. durch ein Handzeichen ein Dankeschön. Kommt es nicht, kippt mein guter Wille in Unmut, weil er nicht gewürdigt wurde, ich komme vielleicht sogar zu dem Entschluss, so schnell keinem anderen mehr freiwillig die Vorfahrt zu geben. Die Folge: Ich erlebe eine zunächst positiv begonnene Handlung negativ durch meine unerfüllte Erwartungshaltung.

==Indem die Glückserwartung sich nicht mit dem eigenen positiven Handeln zufrieden gibt, sondern sich abhängig von anderen macht, macht sie das Glücksgefühl angreifbar für Enttäuschung und verzichtet auf das gute Gefühl, das die Handlung allein hervorbringen kann.==

Die Absicht beinhaltet zum Teil sehr konkrete Vorstellungen: Einem Freund schenke ich zum Geburtstag ein Buch, das ich mit Freude, aber nach meinen Kriterien ausgewählt habe mit der Hoffnung und Absicht, dass es bestimmt gut ankommen wird. Am Geburtstagabend beobachte ich den Freund aufmerksam beim Auspacken des Geschenkes. Als er mein Buch in Händen hält und zum Ausdruck bringt, dass ihn der Titel gar nicht an-

Verändern sich Ihre Denkmuster,
verändert sich die Wirklichkeit.

sprechen würde, reagiere ich (zumindest innerlich) enttäuscht, denn ich hatte auf eine Anerkennung meiner Buchauswahl gehofft. Die Folge: Eine mit Freude begonnene Handlung endet für mich mit einer Enttäuschung – die gewünschte Anerkennung bleibt mir versagt. Diese Absicht hat übrigens auch meine Auswahl beeinflusst.

Die Bewertung kann das Glück ebenso mindern und ganz verhindern: Ich verabrede mich zum Wochenende mit meiner Freundin zu einem Strandspaziergang, den wir wegen schlechten Wetters schon wiederholt aufschieben mussten. Nun ist endlich tiefblauer Himmel und meine Freundin in bester Stimmung und Vorfreude. Wir starten in Timmendorf, aber schon nach kurzer Zeit bringe ich wiederholt meinen Unmut zum Ausdruck, dass zwar blauer Himmel und Sonnenschein sei, aber dass der Wind weniger stark sein sollte und überhaupt der Strand heute besonders weich und das Laufen sehr beschwerlich sei, kurz: Dass beim letzten Mal alles viel besser war. Die Folge: Durch den *Vergleich* und unnötige bzw. überzogene *Bewertungen* wurde die Freude des Ostseeausflugs stark gestört. Was wäre die Alternative gewesen? Den Strandspaziergang positiver, entspannter, dankbarer, bewertungsfreier zu erleben, sich darauf einzulassen: **„So wie es jetzt ist, ist es richtig"**.

Dazu gehört, das Drumherum möglichst bewusst, ohne Bewertung aufzunehmen, es spüren, hören, riechen, ist eine Einstellung, die man lernen kann, um Glücksmomente auch **abseits der Perfektion** erleben zu können. Indem man sich der offenen Haltung Schritt für Schritt annähert und durch die bewusste Gedankenlenkung die Einstellung verändert, fühlt man sich wie als Belohnung viel besser.

Die Grundlage für die Veränderung unserer Einstellung ist die Erkenntnis, dass das Wohlbefinden bzw. das Erleben von Glücksmomenten nicht in erster Linie von den äußeren Bedingungen – Sonne, perfekter Weintemperatur oder freier Fahrt auf der Autobahn – abhängt, sondern davon, wie diese Bedingungen bewertet werden: Unser Glück hängt von der relativen Wirklichkeit ab, die durch unsere persönliche Einstellung zu den Gegebenheiten entsteht! Die Hirnforschung hat längst gezeigt, dass wir die Wirklichkeit stets durch einen persönlichen Filter wahrnehmen.

Verändern sich Ihre Denkmuster, verändert sich die Wirklichkeit. Indem Sie Ihr Denken öffnen, verändern sich die als unumstößlich angenommenen „Tatsachen". Viele Situationen und Gegebenheiten um uns herum erleben wir als Tatsachen, ohne dass uns bewusst wird, dass es unsere subjektiven Bewertungen und Deutungen sind.

Die Konsequenz: Indem wir unsere Sichtweise bewusst überdenken und eine alternative Bewertung als Möglichkeit erkennen, können sich „Tatsachen" verändern. Wir haben also tatsächlichen Einfluss auf scheinbar unumstößliche „Tatsachen". Diese Erkenntnis können wir für unsere Befindlichkeit und damit für unsere Fähigkeit, Glück zu empfinden, konkret umsetzen.

Festgefahrene, schwierige Situationen können auf diese Weise entspannt und Probleme einer Lösung zugeführt werden. Zurück zum beschriebenen Strandspazierung in Timmendorf, der mit einem Besuch in einem häufig überfüllten Café beendet werden sollte: Dort können wir die große Zahl an Gästen als Beliebtheitsindiz deuten und geduldig ein Plätzchen suchen oder genervt aufgeben und gehen, weil es ausgeschlossen ist, einen Platz zu finden. **Beide Szenarien können zu unserer Realität werden.**

Durch Bewusst machen
können wir unsere Einstellung
entknoten und uns dadurch
besser und glücklicher fühlen.

● **Die Überwindung von Glücksblockaden basiert auf der Notwendigkeit, das eigene Denken zu verändern.**

Wichtige Indizien für unbewusste Glücksblockaden liefert uns die Sprache, wie wir Gedanken oder Taten in Worte fassen. Das Miniwort „um", in „um etwas zu machen", hat große Auswirkungen auf unsere alltägliche Befindlichkeit. Es enttarnt die bewussten wie unbewussten Erwartungen und Absichten hinter unseren Handlungen. Sie sind menschlich plausibel, denn unsere Einstellungen und unser Verhalten verfügen über diese Prägungen. Sie sind wichtig in Gefahrensituationen und strukturieren das Handeln. Heute dominieren sie unser Denken jedoch auch weit über solche Leistungssituationen hinaus. Sie verbinden fast alle unsere Handlungen mit Erwartungen, Absichten und häufig kritischen Bewertungen. Stellenweise werden sie erfüllt und wir können dadurch Momente der Anerkennung, der Zuneigung und sogar des Glücks erleben.

Sie machen unser Wohlempfinden und damit unser Wohlbefinden allerdings sehr abhängig: Davon, ob unsere Erwartungen erfüllt werden, unsere Absichten zum Ziel führen und unsere Bewertungen gut ausfallen sowie auf Zustimmung stoßen. Dann fühlen wir uns gut, bestätigt und können Glücksmomente erleben. Der Weg dorthin ist aber gesäumt von vielen Variablen, die das Bild stören können, oft reicht es, wenn eine davon nicht unserem inneren Drehbuch gehorcht: Wir sind unzufrieden, gelegentlich sogar unglücklich und können diese Gefühle schlecht überwinden. *Lösen wir unsere Befindlichkeit jedoch nur ein kleines Stück von den Reaktionen anderer, können wir sie positiv beeinflussen und stabiler machen.*

Die Überwindung beginnt sprichwörtlich mit Einsicht, mit dem bewussten Spüren (sich aufmerksam wahrnehmen und eingestehen), dass die eigenen Erwartungen nicht erfüllt werden, und Absichten nicht zum Ziel führen. Solche Situationen ergeben sich fast täglich. Sie produzieren eine Menge negativer Gefühle, wenn wir sie lassen: Denn sie sind Teil unserer relativen Wirklichkeit, also unserer Überzeugungen und warum sollten wir sie damit nicht in gute Gefühle, also zu unseren Gunsten wenden? Es ist eine konstruktive und beglückende Erfahrung, durch Bewusstmachen, durch verändertes Denken, das selbstwirksam ist, Momente und unsere Einstellung zu ihnen zu entknoten, um sich dadurch besser und glücklicher zu fühlen.

Das schrittweise Bewusstmachen von Glücksblockaden und ihre Überwindung führen zu einer Einstellungsveränderung, deren Vorteile auf der Hand liegen und spürbar sind:

▷ Mehr Unabhängigkeit:
    Ich mache mich unabhängiger von der Reaktion anderer.

▷ Weniger Frustration:
    Ich erspare mir Enttäuschungen und Stress.

▷ Mehr Gleichgewicht:
    Ich kann meine innere Balance besser halten und schneller wieder finden.

Die Konsequenz daraus: Wir fühlen uns ausgeglichener, freier und glücklicher, wenn wir unser Handeln und unsere Gefühle lösen können von Erwartungen, Absichten und vergleichenden Bewertungen, nach dem Motto:

„Das Werk allein soll deine Sorge sein, und nicht der Vorteil, der daraus entspringt."

Glück haben, ist nicht glücklich sein.

Auch hier gilt: Dieses Ideal müssen wir dabei nicht sofort und auch nicht ständig erreichen: Man wird immer wieder Enttäuschung durch Erwartungen und Absichten erleben und Situationen schnell und sogar entschieden negativ bewerten. Aber wir können dem Ideal näher kommen, indem wir uns die relative Wirklichkeit in kleinen Schritten, manchmal auch rückblickend, bewusst machen und unsere Erkenntnis mit Geduld und Zuversicht umsetzen. Die positive Wirkung eines noch so kleinen Erfolges belohnt uns, und wir sind motiviert, den eingeschlagenen Weg trotz zwischenzeitlicher Rückschläge fortzusetzen.

Das gelingt umso besser, je mehr wir die Kraft der Glücksblockaden Neid, Vergleich, Erwartung, Absicht und Bewertung erkennen, was heißt, sie zweifelsfrei anzuerkennen. Mit dem Anerkennen erkennen wir sie als negativ und suchen automatisch positivere Wege, die uns gut tun. Damit können wir sie schon entkräften und Schritt für Schritt auflösen.

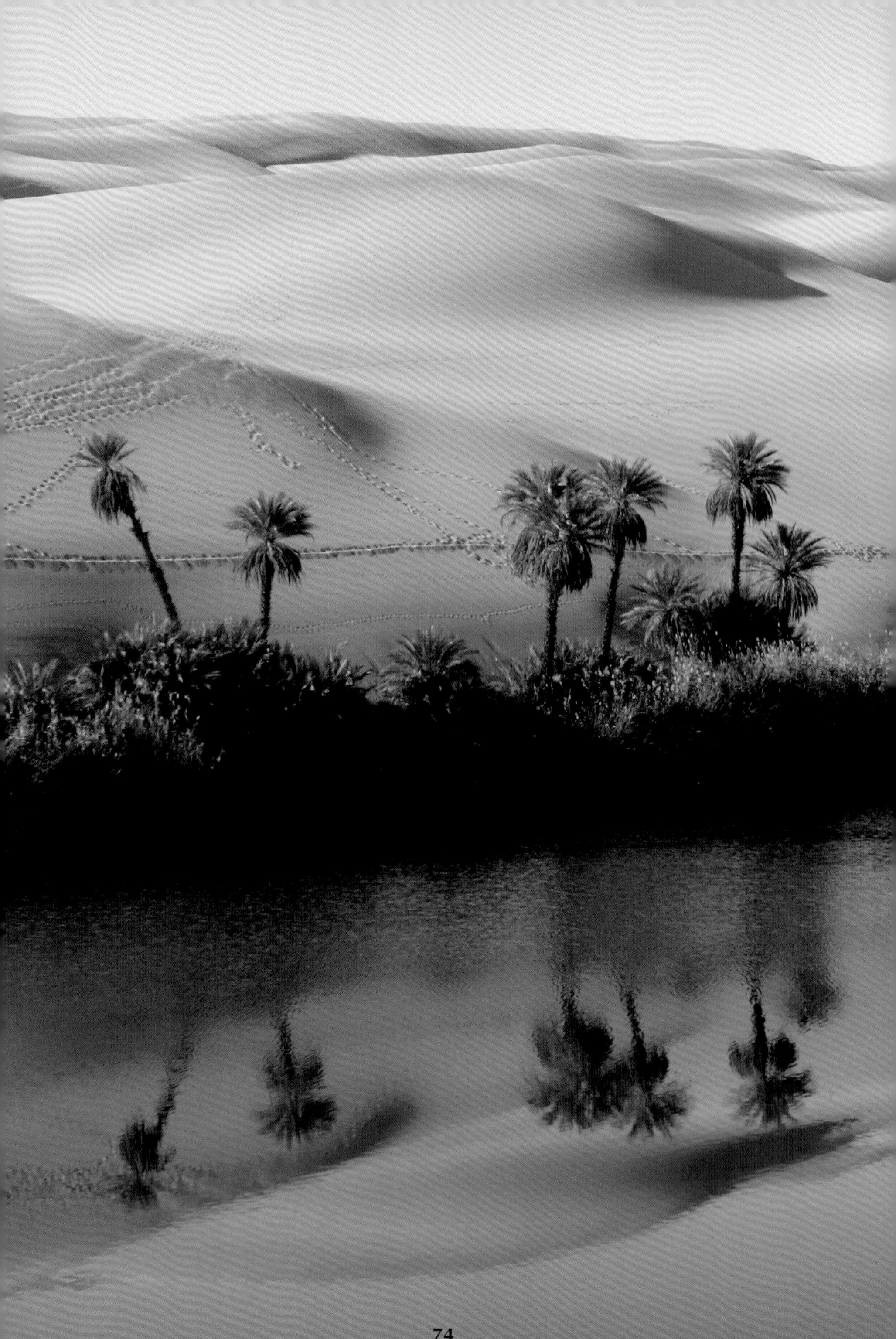

III. Wie Tatsachen im Kopf entstehen.

● **Die Kraft unserer Gedanken und unseres Glaubens.**

Wir fühlen was wir denken und wir erreichen, was wir glauben. Dies ist die entscheidende Erkenntnis, die die Grundlage ist für unsere allgemeine Befindlichkeit und speziell auch für unser Glück.

Wie einflussreich die Kraft von negativen und positiven Gedanken auf den Menschen ist, belegen die folgenden, absichtlich gewählten Extrembeispiele:

Tod im Kühlwagen
Ein Bahnarbeiter wurde irrtümlich in einen Kühlwagen der Bahn eingeschlossen und erst am nächsten Morgen entdeckt: Er war erfroren. Das Besondere an dem Fall: zu keinem Zeitpunkt dieses Ereignisses war der Kühlmechanismus des Wagens eingeschaltet.

Sterbezimmer
In einem Krankenhaus wurde eine depressive Patientin vorübergehend wegen Überfüllung in einem Badezimmer untergebracht. Wenige Tage später war sie tot. Die Obduktion ergab keinen entsprechenden Befund. Um die Wahrheit drückte man sich allerdings herum, denn eine ihrer früheren Bettnachbarinnen hatte gesagt, dass alle diejenigen, die erst einmal im Badezimmer landen würden, von den Ärzten aufgegebene Todeskandidaten seien. Die Depressive hatte dies für ihr Todesurteil gehalten und sich aufgegeben.

Wunderheilung durch Missverständnis
In der Literatur bekannt ist das Beispiel des Chefarztes, der bei der Visite am Bett eines an einer „unheilbaren Krankheit" daniederliegenden Patienten vorbeiging, um nicht unnütze Zeit an diesem zu verlieren. Dabei zeigte er nur mit dem Finger auf den armen Menschen und informierte die begleitenden Ärzte mit der Bemerkung „moribundus" (todgeweiht). In Unkenntnis des Lateins deutete der Patient dieses Wort als günstig und die ihm nicht mehr zugewendete Aufmerksamkeit als ein Zeichen, dass er sie wegen seiner bevorstehenden Gesundung nicht mehr benötige – und wurde gesund. Es sind extreme Ausnahmebeispiele, die sehr stark verkörpern, was wir alle erleben.

- **Wir empfinden und sind was wir denken.**

Unsere Überzeugungen, unsere negativen oder positiven Gedanken, unser Glaube, unsere Vorstellungen: Sie sind die Dirigenten, deren Zeichen unser Unterbewusstsein über innere Gestaltungskräfte automatisch und höchst perfekt umsetzt.

Unser Glück steht daher in enger Beziehung mit unseren Denkgewohnheiten, unseren Glauben und unseren Vorstellungen. **„Alles, was wir sind, ist ein Resultat dessen, was wir gedacht haben",** sagt Buddha. Und bei Kant heißt es: „Glück ist nicht aus der Vernunft, sondern aus der Vorstellung heraus ein angestrebtes Ideal". Mit anderen Worten: Wir „erschaffen" uns unser Glück und das Werkzeug für diese Schaffungsprozesse sind unsere Gedanken. Mit der außerordentlich großen Bedeutung und Kraft unserer Gedanken müssen wir uns daher auf dem Weg zum Glück noch etwas näher beschäftigen.

1. Es sind unsere Gedanken, die die Wertigkeit von Tatsachen bestimmen. **Gedanken schaffen Fakten.**
Beispiel:
Die Tatsache: das berühmte Glas Wasser ist halbvoll.
Die Folge:
- Für den Einen ist es schon halbleer.
  Die Konsequenz: Mutlosigkeit, Enttäuschung
- Für den Anderen ist es noch halbvoll.
  Die Konsequenz: Zuversicht, Hoffnung

2. Es sind unsere Gedanken, die die Bedeutung von Sinneseindrücken (z.B. riechen, sehen) verändern. **Gedanken interpretieren Sinneseindrücke.**

Beispiel:
Die Tatsache: Anblick und Geruch eines leckeren Steaks.
Die Folge:
- Der Eine hat Hunger und wird positiv aktiv.
  Die Konsequenz: Leuchtende Augen, Speichelfluss und Magenknurren.
- Der Andere ist satt.
  Die Konsequenz: Bleibt völlig unberührt.
- Der Dritte hat zwar Hunger, hat sich aber zu einer Fastenkur motiviert.
  Die Konsequenz: Er bleibt trotz Geruch und Anblick des Steaks ganz gelassen, sodass auch der automatische Speichelfluss ausbleibt.

3. Es sind unsere Gedanken, die auch ohne Tatsachen und Sinneseindrücke, also direkt und allein durch ihre Kraft, entstehen und biochemische Prozesse im Körper auslösen. **Gedanken schaffen Sinneseindrücke.**

Die Tatsache: Weder der Anblick noch der Geruch eines Steaks sind vorhanden.
Die Folge: Man denkt intensiv an ein saftiges, duftendes Steak und stellt es sich vor (mentales Zielbild).
Die Konsequenz: Der Mundspeichel wird aktiviert – ganz genauso, als wenn man mit großem Hungergefühl den Duft eines Steaks wirklich riecht. *Der Gedanke schafft damit die gleiche Tatsache wie das Steak selbst: Uns läuft das Wasser im Mund zusammen.*

Vertiefen Sie diesen wichtigen Zusammenhang: das berühmte Glas Wasser ist objektiv halbvoll. Für den Einen ist es aber schon halbleer und löst Gefühle der Unzufriedenheit, Mutlosigkeit und Enttäuschung aus.

Für den Anderen ist es noch halbvoll, was Gefühle der Zuversicht und Hoffnung auslöst.

Die Erkenntnis: Gedanken schaffen zur gleichen Tatsache (Situation) unterschiedliche Wertigkeiten (Interpretationen).

Anblick und Geruch von einem Steak mit Bratkartoffeln ist objektiv die Tatsache, die Situation. Wir reagieren aber unterschiedlich darauf: Der Eine hat Hunger und der Geruch und Anblick löst Magenknurren und Speichelfluss aus.
Der Andere ist satt und bleibt von Geruch und Anblick völlig unberührt. Der Dritte hat zwar Hunger, hat sich aber für eine Fastenkur motiviert und bleibt von Geruch und Anblick unberührt.

Die Erkenntnis: es sind unsere Gedanken, die die Bedeutung von Sinneseindrücken (Anblick, Geruch) verändern bzw. interpretieren.

Ohne Anblick und Geruch denkt man intensiv an ein Steak mit Bratkartoffeln und stellt sich das auch vor *(mentales Zielbild)* mit der Folge, dass einem das Wasser im Mund zusammenläuft.

Die Erkenntnis: die Gedanken schaffen die gleichen Tatsachen wie der Anblick und der Geruch des Steaks und der Bratkartoffeln.

Dieser Zusammenhang ist von außerordentlicher Bedeutung:

Nicht nur angeborene Reflexe, äußere Reize oder Tatsachen entscheiden darüber, ob wir aktiv werden, uns gut fühlen und damit auch Erfolg haben, sondern unsere Gedanken. Wir selbst üben entscheidenden Einfluss darauf aus. Und wir können diesen Einfluss bewusst nutzen: Durch für uns persönlich stimmige Gedankenlenkung und Visualisierung können wir uns Wohlbefinden und Glücksmomente erschließen. Dazu sind unsere Gedanken in der Lage.

- **Positiv denken heißt: Das Gute im Realen erkennen.**

Glücksmomente liegen nicht versteckt, sie zu erleben, glücklich sein, gelingt nicht durch zielgerichtetes Suchen, weil sie in hohem Maße von unseren positiven Gedanken, unserer Perspektive abhängen.

Gute Gedanken entstehen aber nicht durch Kontrolle oder Wille: Entscheidend ist, dass wir negative Gedanken nicht vermeiden können. Wohl aber können wir sie daran hindern, dass sie bleiben und unsere Wirklichkeit dominieren, **indem wir sie durch eine sensibilisierte Aufmerksamkeit bewusst wahrnehmen** und

Das Boot hat ein Leck,
aber es wird nicht untergehen.

in positive Sichtweisen übersetzen. Statt Selbstmanipulation verändern wir unsere Geisteshaltung, unsere Sichtweise, und machen den Blick frei für positive Gedanken zu derselben Situation.

- Positiv denken heißt deshalb ganz sicher nicht, sich selbst etwas vorzumachen, so zu tun, als würden wir in einer stets heilen Welt leben.

- Es heißt nicht, die Augen vor Problemen, Leid, Krankheit oder schlicht Ärger zu verschließen.

- Es heißt nicht, Schweres leicht zu nehmen, Trauer zu leugnen, Angst und Sorgen zu verdrängen oder sich selbst zu belügen.

- *Positives Denken heißt: Dem Leben so, wie es ist, geradewegs ins Angesicht zu sehen und zu wissen, dass nahezu alles in dieser Welt uns ein doppelseitiges Antlitz, eine Dualität anbietet, also eine Licht- und eine Schattenseite in unserer Betrachtung.*

- Positiv Denken heißt: Sich mit bewussten Gedanken die Lichtseite des Lebens anzusehen und möglichst viele Geschehnisse aus positiver Perspektive zu betrachten, sie ihnen abzugewinnen. Das bedeutet oft einen guten Schuss Vertrauen vorab, in dem Sinn des Spruches: „Wer weiß, wozu das gut ist." Ob die Lernprozesse unglücklicher Momente oder erfahrenes Unrecht uns innerlich weiterbringen oder sich sogar zu unserem Vorteil entwickeln – vieles können wir erst im Nachhinein einschätzen.

Eine bekannte *Zen-Geschichte aus China* veranschaulicht diese Weisheit konsequent:
Vor langer Zeit lebte ein alter Bauer am Rande eines kleinen Dorfes. Er war ziemlich arm. Er besaß nur ein kleines Stück Land und ein winziges Haus, in dem er mit seinem einzigen Sohn und einem Pferd lebte.

Eines Tages brach das Pferd aus dem Pferch aus und lief davon. Die Nachbarn kamen herbei, um den Bauern zu trösten. Sie sagten: „Das ist ja schrecklich! Bis jetzt warst du nur arm, aber jetzt bis du völlig mittellos. **Was für ein Unglück!** Etwas Schlimmeres hätte nicht passieren können." Der alte Bauer zuckte die Achseln und sagte freundlich: „Wer weiß schon, was gut und was schlecht ist?"

Der Bauer reparierte den Zaun und ließ das Tor offen. Am nächsten Tag kam das Pferd zurück, lief in den Pferch und brachte in seinem Gefolge eine Herde Wildpferde mit. Die Nachbarn kamen herbei, um dem Bauern zu gratulieren. Sie sagten:„ Das ist ja wunderbar! Du warst der ärmste Mann im Dorf, und jetzt bist du der reichste. **Was für ein Glück!** Etwas Besseres hätte dir nicht passieren können." Der Bauer zuckte die Achseln und sagte wieder: „Wer weiß schon, was gut und was schlecht ist."

Am nächsten Tag ging sein Sohn daran, die neuen Pferde zu zähmen. Eines von ihnen bäumte sich auf, er fiel herunter und brach sich das Bein. Die Nachbarn kamen und sagten: „Das ist ja furchtbar! Jetzt ist dein Sohn verletzt, die Pferde können nicht gezähmt werden, und du hast niemanden, der dir bei der Ernte hilft. **Was für ein Unglück!** Etwas Schlimmeres hätte gar nicht passieren können." Wieder zuckte der alte Bauer die Achseln und sagte: „Wer weiß schon, was gut und was schlecht ist?"

Am nächsten Tag zog das Heer des Königs durch das Land und nahm alle gesunden jungen Männer mit in den Krieg, in dem viele ihr Leben lassen mussten. Aber weil sich der Sohn des Bauern das Bein gebrochen hatte, nahmen sie ihn nicht mit. Wer weiß also schon, was gut und was schlecht ist?

Quelle: Zen-Golf, Goldmann

● **Das Zauberwort „aber":**
  Von der Schatten- zur Lichtperspektive.

Mit dem kleinen Zauberwort „aber" können Sie sehr erfolgreich Tatsachen von einer anderen Seite beleuchten und die Schwelle zwischen Schatten und Licht, also negativ und positiv überschreiten:

> *Es gibt viele unglückliche Menschen, aber auch viele glückliche Menschen.*
>
> *Ich hatte einen Verkehrsunfall, mein Auto ist kaputt, aber mir ist zum Glück nichts passiert.*
>
> *Meine Aktien sind tief in den Keller gefallen, aber ich muss sie jetzt nicht unbedingt verkaufen und kann auf bessere Zeiten warten.*
>
> *Wir haben leider keine Theaterkarten mehr bekommen, aber stattdessen einen lustigen Abend mit Freunden verbracht.*
>
> *Ich musste lange beim Arzt warten, aber hatte endlich mal wieder Zeit, eine Zeitschrift intensiv zu lesen.*

Wir können uns in fast jeder alltäglichen Situation für etwas Positives öffnen, aber wir müssen dafür unser eigenes Denken verändern.

Es regnet zwar, aber ich gehe trotzdem raus, weil mir Bewegung und frische Luft gut tun und wenig los sein wird an der Alster.

Ich hatte mit meiner Freundin einen heftigen Streit über unser nächstes Urlaubsziel, aber ich verstehe jetzt ihren Wunsch nach ruhigen Gegenden und wir konnten uns schließlich für Griechenland entscheiden.

Dahinter steht die Frage: „Was kann mir diese auf den ersten Blick negative Situation an ungeahnten positiven Wegen eröffnen?"

Jeder kann durch freie Gedankenlenkung und Änderung seiner einseitigen Wahrnehmung mit dem kleinen Zauberwort „aber" sein Lebensgefühl verbessern, weil es sich aus alltäglichen Situationen speist, die wir täglich erleben. Wir erkennen nach einiger Zeit, dass Fakten bzw. Tatsachen keine Monolithen sind, sondern sich vielmehr durch unsere Einstellung zu ihnen formen. Somit sind wir Bildhauer, die zu einem nicht unwesentlichen Teil über ihr Befinden und ihr Glück mit entscheiden, weil sie daran mitwirken.

Um die starke Wirkung positiver Gedanken zu unterstreichen, ist es sehr hilfreich, sich die Wirkung bzw. Folgen von negativen Gedanken direkt auf unseren Körper bewusst zu machen. Unsere Sprache wie ihre Sprichwörter benennen deren unheilvolle Wirkung deutlich:

- *Das Problem liegt mir im Magen.*
- *Ich werde gleich sauer.*
- *Ich hatte eine enorme Wut im Bauch.*
- *Ich spürte die Angst im Nacken.*

- *Ich habe was auf dem Herzen.*
- *Mir rutschte das Herz in die Hose.*
- *Mir blieb vor Schreck die Luft weg.*
- *Es verschlug mir den Atem.*
- *Darauf reagiere ich allergisch.*
- *Das Problem bereitete mir Kopfschmerzen.*
- *Das Problem konnte ich nur schwer verdauen.*

Fazit:
„Es gibt nur einen Winkel des Universums, den man mit Sicherheit bessern kann: das eigene Selbst". (Aldous Huxley)

Das Denken birgt eine der größten Leistungsreserven für die Gestaltung des eigenen Glücks, die Sie haben. Es ist ausschlaggebend für Ihre Balance, Harmonie und Ihr Glückserleben. Das wohl bekannteste und zugleich einfachste Symbol ist das berühmte Glas Wasser: Ist es halbvoll oder halbleer?

Wir können uns in fast jeder alltäglichen Situation für etwas Positives öffnen. Auf diese Einsicht kommt es an. Um sie zu erlernen, umzusetzen und zu verbessern, eignet sich das kleine Zauberwort „aber" bestens. Indem wir das Zauberwort „aber" immer wieder einsetzen, um von der Schatten- zur Lichtperspektive zu wechseln, beide bewusst und stetig wahrnehmen, ebnen wir einen Pfad: Er führt zu einer dauerhaften und tiefgreifenden Veränderung im eigenen Denken, was sich in unserem Verhalten konkret manifestiert.

Glückliche Menschen denken anders und handeln anders, sie wählen einen positiven Pfad. Ihn zu ebnen lohnt sich.

- **Neuorientierung für ein glücklicheres Leben.**

Anhand der vorangegangenen Ausführungen ist Ihnen nun vielleicht klarer geworden, was Ihrem Glückserleben unnötig im Weg steht: Neid, der ständige Vergleich mit Anderen, überzogene Erwartungen und versteckte Absichten und Bewertungen gehören dazu sowie das mangelnde Bewusstsein für die große Kraft positiver Gedanken. Dies sind über Jahre eingefahrene Wege. Die Auflösung von Glücksblockaden gelingt nicht von heute auf morgen, aber sie gelingt, Schritt für Schritt.

Wodurch gelingt die Veränderung letztlich? Dadurch, dass Sie die Glücksblockaden in alltäglichen Situationen bewusst wahrnehmen, dass Sie Ihre negativen Gefühle auf die ihnen zu Grunde liegenden Gedanken zurückverfolgen, um die entscheidende Kreuzung zu finden, an der Sie einen positiven Pfad hätten einschlagen können. Kurz: Schenken Sie in negativen Situationen Ihren Gefühlen mehr Aufmerksamkeit.

Das achtsame, ganz bewusste Wahrnehmen dieser negativen Gefühle, bei denen Sie erfahren und spüren, dass sie nicht gut tun, ist der entscheidende Anfang für bewusste Veränderungen.
Aus dieser Wahrnehmung entsteht die Kraft für die Veränderung von Einstellungen und Gewohnheiten, die unser Leben prägen.

Je weiter wir in der Achtsamkeitsübung vorankommen, desto eher ist es möglich, gewohnte Gedanken loszulassen, sie nicht weiter zu denken und durch verändertes, angemessenes Denken zu ersetzen.
Es braucht Geduld, Zuversicht und festen Glauben, um Einstellungen und Gewohnheiten verändern zu können. Was diese Anstrengungen motiviert ist das Wissen, dass Ihr Lebensglück zu einem wichtigen Teil in Ihren Händen liegt. Und daher ist es

wichtig zu ergründen, welches Verhalten Sie lebensfroh und glücklich stimmt und welche Erfahrungen Sie unzufrieden und unglücklich machen. Daraus ergeben sich die Prioritäten für Ihr alltägliches Handeln und für Ihre Einstellungen.

Die einflussreichsten Hindernisse für Ihr Glückserleben kennen Sie nun. Durch bewusstes Spüren in den jeweiligen alltäglichen Situationen können Sie üben und lernen, wie Sie diese Glücksblockaden mehr und mehr überwinden können, in dem Sie negative Gedanken loslassen und durch Gegengewichte ersetzen:

▷ Mehr Wohlwollen statt Neid.

▷ Weniger Vergleiche mit Anderen:
„Du bist du und ich bin ich."

▷ Handlungen weniger mit kalkulierten Absichten überfrachten.

▷ Mehr Konzentration auf das Jetzt, als auf die Bewertung.

▷ Bewusstes Wahrnehmen der positiven und negativen Seiten einer Situation, statt sich einseitig auf das Negative zu fokussieren.

Schon allein das vorbehaltlose >Anerkennen< von Neid, Vergleich, Erwartung, Absicht und Bewertung als Glücksbarrieren – und das immer wieder, begünstigt ganz unbewusst unsere Möglichkeiten, Glück, Freude und Zufriedenheit zu empfinden.

Wer voran kommen will, muss loslassen können. Wenn wir loslassen, verändern wir uns und das, was wir loslassen, kommt oft auf ganz neue Weise zu uns zurück.

● **Loslassen, um voran zu kommen.**

Wer vorankommen will, muss loslassen können. Wenn wir loslassen, verändern wir uns. Und das, was wir loslassen, kommt oft auf ganz neue Weise zu uns zurück.

Wo setzen wir an, um leichter loslassen zu können? Fast alles ist heute im Fluss und verändert sich. Unser Glücksleben hängt stark davon ab, wie wir zwischen >Loslassen< und >Festhalten< changieren.

Festhalten an Vorurteilen, Überzeugungen, Einstellungen, Gewohnheiten, an der Vergangenheit und an Problemen, kann nachteilige Wirkungen auf das Erleben von Glücksmomenten haben.

Andererseits existieren wir dank unserer Fähigkeit, an etwas festzuhalten. Vieles, was wir zum täglichen Leben und Überleben brauchen, soll möglichst stabil bleiben, das wollen wir festhalten: Unsere Bindungen, unser Auskommen, unsere Gesundheit. Wir halten fest an unseren religiösen Überzeugungen und an Idealen und Werten.

Die entscheidende Kreuzung, sich vom Festhalten zu lösen und loszulassen, ist unser Denken und Verhalten in das Licht der Bewusstheit zu rücken. *Denn vieles, was unbewusst geschieht, können wir nur schwerlich loslassen.*

Nur unsere bewussten Gedanken machen spürbar, welche Reaktionen und welches Verhalten negative Gefühle in uns und bei anderen Menschen auslösen. Das ist der mentale Zusammenhang, der zu der Erkenntnis und der Entscheidung führt, was losgelassen werden sollte.

Loslassen gelingt:

▷ Wenn wir Situationen und Ereignisse relativieren und an Einstellungen nicht absolut festhalten. Dahinter steht die Erkenntnis und Haltung, dass es oft auf den Standpunkt ankommt, ob eine bestimmte Bewertung oder ein bestimmter Gesichtspunkt zutreffend ist. Und das heißt: Loslassen, weil vieles nur relativ richtig sein kann, weil wir die Wirklichkeit stets durch unseren persönlichen Filter wahrnehmen. Das bedeutet zugleich, auf andere Rücksicht nehmen.

▷ Durch Innehalten, vorübergehendes Nichtstun, Abstand gewinnen zu ungelösten Problemen, Herausforderungen oder Entscheidungen, fördert die Erkenntnis und Einsicht, dass es zum bisherigen Denken und Handeln bessere Alternativen geben kann, die aber erst durch >loslassen< bewusst werden, um dann umgesetzt werden zu können.

▷ Indem wir unserer Unflexibilität und unserem strengen Urteil bewusst werden: Das kann und sollte nicht möglich sein, dies und jenes sollte anders sein. Es macht oft keinen Sinn, zu denken, dass es nicht so sein sollte. Loslassen heißt, lernen zu akzeptieren: **So wie es ist, ist es richtig!**

Und das gelingt um so besser, je mehr wir uns bewusst machen, dass wir nicht der Illusion unbedingter Selbstmächtigkeit unterliegen sollten, die vergessen machen will, dass Leben einfach geschieht, und nicht immer gestaltet wird.

Mit anderen Worten: Den Gedanken von Fall zu Fall loslassen, dass man alles steuern kann und alles in der Hand hält.

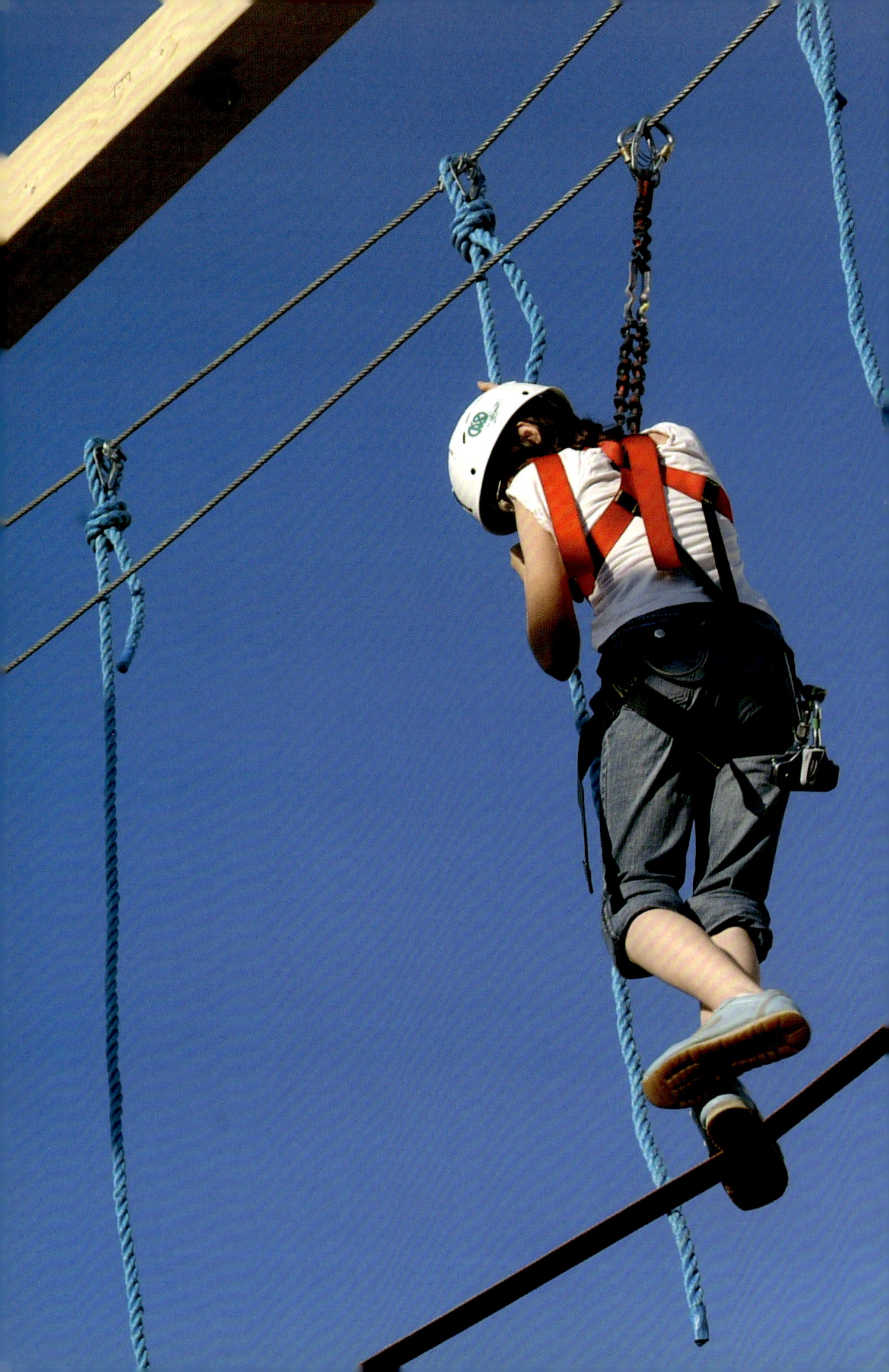

IV. Mein Selbstbild ist das Geländer, das ich anpacken kann.

● **Das negative Selbstbild: Eine tief verankerte Suggestion, die Glück blockiert.**

Es ist eine Belastung, wenn der Mangel an Zufriedenheit und das Ausbleiben von Glücksmomenten ihre Ursache in einem negativen Selbstbild haben.

Wir kommen nicht als Glückspilz oder Pechvogel auf die Welt. Dass wir uns so erleben, hat sehr viel mit unserem Selbstbild zu tun.

==Wer sich für einen Glückspilz hält, denkt und handelt wie ein solcher, selbst wenn er Gründe für Unzufriedenheit hätte. Wer sich für einen Pechvogel hält, fügt sich fast automatisch in die Rolle des Pechvogels, auch trotz guter Lebensumstände wie Wohlstand, Gesundheit und einem intakten Familienleben.==

Fast ganz gleich wie die tatsächlichen Lebensumstände sind, es ist eine Frage unserer Interpretation (Stichwort: relative Wirklichkeit), wie wir sie erleben bzw. deuten. **Die direkte Verbindung zwischen unserem Selbstbild und unserer Wirklichkeit ist uns dabei meist gar nicht bewusst.**

In einem negativen Selbstbild haben sich über Jahre negative Fremdsuggestion bzw. ungute Einflüsse aus der Familie und der Umwelt, also sogenannte Umgebungseinflüsse, manifestiert. Bei Menschen mit sensibler Veranlagung geschieht dies besonders leicht. Nachdem sich ein negatives oder eben positives Selbstbild in unserem Unterbewusstsein gefestigt hat, entspringt später daraus die negative oder positive Eigensuggestion, sie wird zu einem ständigen Begleiter. Unsere persönliche Disposition, also unser genetisches Erbgut, hat natürlich einen starken Einfluss in dieser Entwicklung und auf unser Sein. Über das Unabänderliche unserer erbbedingten Veranlagung hinaus aber haben wir die Möglichkeit, unser Selbstbild zu beeinflussen und zu verändern, sprich: später entstandene negative Manifestationen zu ergänzen durch positive, über eine bewusste Weichenstellung für unsere Gedanken.

Der zentrale Gedanke darin: Wenn Erziehungs- und Umwelteinflüsse (Fremdsuggestion) unser Selbstbild mitgeprägt haben, können wir durch Selbstbeeinflussung (Autosuggestion) und Aufbau von Selbstvertrauen unser Selbstbild auch wieder verändern. Das ist ein längerer Weg, der Geduld und viel Motivation bedarf, aber schon nach kleinen Etappen belohnt wird.

Die Erziehung durch unsere Eltern hat einen herausragenden Einfluss auf unser Selbstbild. Wir alle kennen die immer wiederkehrende Ermahnung: „Das habe ich dir schon tausendmal gesagt!" oder „Das ist wieder typisch für Dich!" Dahinter steht eine permanente Fremdsuggestion, die natürlich auch sinnvolle, korrektive Ausprägungen hatte. Die suggestiven Bausteine unserer Erziehung können jedoch – im Gegensatz zu den argumentativen Bausteinen darin – starken negativen Einfluss auf unser Selbstbild haben.

Die in einigen Fällen wichtigen Einschränkungen in der Erziehung können daher sehr dominant werden und sich zu einem unnötig negativen Selbstbild addieren. Wie die Umgangssprache es ausdrückt wurden uns einige Dinge immer wieder „eingetrichtert":

Das kannst du nicht, das darfst du nicht, das ist zu schwierig für dich, du hast zwei linke Hände, bleib bei dem, was du kannst, dafür hast du kein Talent, du bist zu anspruchsvoll, das wird doch wieder nichts.

Bei unbedachter Wiederholung erhalten diese **negativen Suggestionsformeln eine zu große Wirkung. So prägen sie uns im Hinblick auf unser Denken, Fühlen und Handeln sehr stark.**

Die Folge: Waren sie zu dominant und haben sie zu einem schwachen Selbstbild geführt, bleiben wir auch im Erwachsenenalter anfällig für Fremdsuggestionen, insbesondere negative. Das nachfolgend beschriebene Gedanken-Experiment belegt, wie sogar in kurzer Zeit durch Fremdsuggestion ein Krankheitsgefühl ausgelöst werden kann.

Besorgte Blicke
Auf dem Weg zur Arbeit. Sie fühlen sich ausgeschlafen und sind in bester Stimmung. An der Eingangstür zum Büro begrüßt Sie mit strahlendem Gesicht ein Kollege, der sie jedoch etwas kritisch mustert: „Haben sie nicht gut geschlafen? Sie sehen ziemlich müde aus." Etwas verunsichert gehen sie weiter und werden wenig später von einem anderen Kollegen in mitleidigem Ton angesprochen: „Sagen sie, fühlen sie sich nicht gut? Sie sehen ja richtig krank aus!" Bevor sie sich wieder gefangen haben, hören sie die wenig schmeichelhafte Bewertung: „Sie scheinen ja wirklich urlaubsreif zu sein."

Ein prüfender Blick in den Spiegel: Tatsächlich, Sie haben dunkle Ränder unter den Augen! Außerdem spüren Sie plötzlich einen unangenehmen Druck in der Magengegend. Ihr optimistisches Lächeln ist längst verflogen. Nein, Sie sind überhaupt nicht aus-

Wir kommen nicht als 'Glückspilz' oder 'Pechvogel' zur Welt. Dass wir uns so erleben, hat sehr viel mit unserem Selbstbild zu tun.

geschlafen, sondern fühlen sich wie gerädert. Vermutlich ein Infekt. Sie arbeiten noch eine Stunde, wobei sie immer wieder die besorgten Blicke ihrer Kollegen wahrnehmen. Dabei fühlen Sie sich immer schlechter, gehen schließlich zu Ihrem Vorgesetzten – und melden sich krank.

Was Sie allerdings nicht wussten: Ihre Kollegen hatten sich abgesprochen, um an Ihnen eine Theorie zu testen. Man wollte nämlich ausprobieren, ob Sie sich allein durch beiläufige Suggestionen so weit beeinflussen lassen, dass Sie sich regelrecht krank fühlen. Ein solches Experiment ist interessant, um es in Gedanken durchzuspielen. Wie würden Sie reagieren oder z.B. verschiedene Charaktere aus Ihrem Freundeskreis? Wer würde solche Kommentare lediglich als unpassend bzw. uncharmant empfinden und nach einem Blick in den Spiegel lachen, über die Kluft zwischen Selbst- und Fremdwahrnehmung. Wer würde sich zunehmend schlecht fühlen?

- **Wir können unser Selbstbild verbessern.**

Im Kindesalter können wir uns gegen Fremdsuggestion durch Eltern und Umwelt praktisch nicht wehren, sie auch noch nicht entsprechend reflektieren. Im Erwachsenenalter ist dies völlig anders. *Die wichtigste Erkenntnis ist, dass unsere eigenen Gedanken immer zwischen Suggestionen von außen und unserem Befinden stehen:*

Eine suggestive Kraft an sich gibt es nicht, die suggestiven Worte Anderer können lediglich gleichartige Gedanken in uns hervorrufen. Somit sind nur die eigenen Gedanken der Auslöser unserer Befindlichkeit und Körperreaktionen.

Es gilt generell die Kausalkette: *Fremdsuggestion >Autosuggestion > Körperreaktion.*

- **Die Vorstellungskraft des Geistes.**

Die wichtigste Voraussetzung für die Verbesserung unseres Selbstbildes ist eine neue Einsicht: die Vorstellungskraft des Geistes. Es ist nicht leicht, die Vorstellungskraft des Geistes zu beschreiben, deshalb sollte man ihre Wirkungskraft zunächst einfach als gegeben hinnehmen. Sie ist im gewissen Sinn vergleichbar mit unserem Glauben an Gott. Die Existenz Gottes ist anfangs auch schwer begreiflich, schwer zu erklären und nicht zu beweisen, ebenso wenig die Kraft, die vom Glauben an Gott ausgehen kann – viele Menschen glauben einfach!

Im Alltag erleben wir die Kraft unserer Vorstellungen, unseres Glaubens an etwas, *unbewusst* sehr häufig. Wir machen uns über Probleme und Herausforderungen Sorgen. Meist sind sie nur bedingt angebracht und wenig produktiv. Dabei stellen wir uns oft die eingetretenen Konsequenzen dieser Befürchtungen ganz bildlich vor. *Es entsteht ein negatives mentales Zielbild.* Es scheint unausweichlich. Wir fühlen uns überfordert und unglücklich.

==Es sind nicht die Dinge selbst, die uns beunruhigen oder beruhigen, sondern unsere Vorstellung von den Dingen:==

Wenn wir z.B. an den bevorstehenden Zahnarzttermin denken, verbinden wir damit negative schmerzhafte Vorstellungen wie: das Pieksen der Spritze oder das Geräusch des Bohrers. Die Folgen dieser bildhaften Vorstellung sind z.B. erhöhter Blutdruck und die Aktivität der Schweißdrüsen.

Diesen Einfluss können wir uns aber ebenso zunutze machen: Bildliche Vorstellungen sind nicht für Negatives reserviert, sie können auch aktiv für eine positive Wirkung auf uns eingesetzt werden.

Wenn wir z.B. nach einer mehrstündigen, anstrengenden Bergtour die angesteuerte Almhütte endlich in der Ferne erblicken, die Kraft aber am Ende scheint, stellen wir uns die frische Buttermilch und den leckeren Bergkäse vor, der dort auf uns wartet. Wir mobilisieren so Kraftreserven für den letzten kurzen Marsch und wir haben ein glückliches Gefühl der Vorfreude. Nicht anders funktioniert das „Erklimmen" von Herausforderungen in unserem Leben mit Hilfe mentaler Zielbilder.

Denn die zuvor angeführten Beispiele belegen eine wichtige Erkenntnis: Wie erfolgreich die Verbindung, also das Zusammenwirken der Kraft unserer Gedanken mit unserer Vorstellungskraft ist. Aus ihr entstehen mentale Zielbilder, die uns wirkungsvoll bewegen – im wahrsten Sinne des Wortes.

● Der Aufbau mentaler Zielbilder.

Übersetzen wir die Kraft positiver, konstruktiver Gedanken in anschauliche Vorstellungen, entstehen mentale Zielbilder, mit denen wir viele Situationen zu unseren Gunsten beeinflussen und damit sukzessive auch unser Selbstbild und unser Selbstwertgefühl verbessern können: Denn nur mit Hilfe mentaler Zielbilder erreichen wir unser Unterbewusstsein. Auf das haben vom Verstand gelenkte Gedanken allein ebenso wenig Einfluss wie der Wille: Ihnen fehlt die suggestive Wirkung mentaler Bilder.

Es sind nicht die Dinge selbst,
die uns beunruhigen, sondern
unsere Vorstellung von den Dingen.

Ein sehr vertrautes Beispiel:
Das Gespräch über eine Gehaltserhöhung bzw. die Honorarverhandlung verläuft entgegen Ihrer Erwartungen, Ihre Durchsetzungskraft ist schwach. Obwohl Ihr Anspruch sachlich angemessen ist und sogar ggf. vorab besprochen wurde, gelingt es Ihrem Gegenüber, Sie von Ihrem berechtigten Anliegen abzubringen.

Dabei werden Argumente wie der Zeitpunkt sei ungünstig, die Geschäfte laufen nicht gut, die Gehaltsstruktur oder Agenturbudgetierung bekäme eine Schieflage usw. ins Feld geführt. Sie geben schnell nach und fühlen sich dann niedergeschlagen, unglücklich und unterlegen. Ohne einen positiven inneren Fluchtpunkt, also ein Ziel, konnten Sie dem Gespräch keine andere Richtung geben, Ihr Vorgesetzter bzw. Kunde hatte es leicht, Sie von Ihrer positiven Erwartung schnell abzubringen.

So bauen Sie erfolgreich ein mentales Zielbild z.B. für eine angestrebte Budget- oder Gehaltsverhandlung auf:

- Beschäftigen Sie sich intensiv gedanklich mit der anstehenden Herausforderung bzw. dem angestrebten Ziel. Konkretisieren sie es.

- Machen Sie sich detailliert die Gründe klar, die Sie motivieren auch Hürden auf dem Weg für dieses Ziel zu überwinden.

- Stellen Sie sich das erreichte Ziel bildhaft, plastisch, farbig und emotional vor: Was bedeutet die monetäre Forderung für Ihr Leben?

- Übersetzen Sie das erfolgreich aufgebaute mentale Zielbild in einen Satz. So können Sie sich aufrufen und vertraut machen vor dem Termin. Fassen Sie Ihren Wunsch, Ihr Zielbild, in einen präzise ausgerichteten Satz der Affirmation (Bejahung, Zustimmung). Dieser Satz muss auf die Gegenwart ausgerichtet sein und darf keine Verneinung enthalten. Falsch wäre z.B.: „Ich werde mich **morgen nicht** einschüchtern lassen," richtig dagegen: „Ich bin gestärkt für mein Gespräch mit dem Personalleiter."

- **Formen Sie schließlich Ihr mentales Zielbild aus: Sehen Sie sich so, als ob Sie das gesteckte Ziel bereits erreicht haben, das heißt:**
  Sie verlassen mit der erreichten Forderung erfolgreich und glücklich den Ort der Besprechung.

Ihre Hilfestellungen für das Entfalten mentaler Zielbilder:

Das mentale Zielbild muss realistisch sein.
Das heißt, die Aufgabe besteht darin, Ihre Wünsche in praxisnahe Möglichkeiten zu übersetzen.

Das mentale Zielbild muss vertraut sein.
Es braucht etwas Geduld. Stellen Sie es sich mehrfach und regelmäßig vor, am besten abends, kurz vor dem Schlafengehen.

Glauben Sie einfach vorbehaltlos an den Erfolg dieser kleinen Übung.
Diese Vorgehens- und Handlungsweise mit sich selbst ist anfangs ungewohnt und kann Skepsis auslösen. Doch das regelmäßige Üben, Ihre Geduld, Zuversicht, Ihr Glaube legen das Fundament

Nicht der Wille, sondern der Glaube versetzt Berge.

für den Erfolg. Zweifel wie „Schaffe ich es wirklich so?", „Bei mir klappt das bestimmt nicht!", „Bei mir sind mentale Zielbilder wirkungslos.", sind normale Reaktionen unseres Verstandes in der Anfangsphase.

Versuchen Sie nicht, diese Zweifel mit der Willenskraft bzw. mit großem Energieaufwand niederzuringen und bleiben Sie beharrlich in Ihren Gedanken an das Gelingen. Vertrauen Sie der Kraft Ihrer Gedanken und der Wirkung Ihrer Vorstellungskraft. Lassen Sie los und wagen Sie etwas, bei dem Sie nichts verlieren können. Glauben Sie einfach! Grübeln Sie nicht, analysieren Sie nicht, wiederholen Sie einfach gedanklich Ihr mentales Zielbild und Sie werden bald erste Erfolge erleben.

Diese Erfolge sind wertvolle Quellen auch für Ihr Selbstbild: Denn alles, was Sie von sich denken, konstituiert Ihr Selbstbild. Der Mensch ist, was er denkt. Wenn Sie die Autosuggestion negativer Zielbilder durch positive ersetzen, erneuern Sie Stück für Stück auch Ihr Selbstbild entsprechend. Konzentrieren Sie sich nicht auf negative Auffassungen über Ihr Selbst, sondern auf positive, so wie es jeder Freund tut:

Werden Sie Ihr bester Freund mit Hilfe positiver mentaler Zielbilder über sich selbst. Die daraus gewonnene Verbesserung Ihres Selbstwertgefühls trägt zu einem glücklicheren Leben bei – ohne Umwege. Ebenso nimmt sie positiven Einfluss auf Ihr Handeln. Der Mensch ist was er denkt und tut. Bewirken wir durch unser Handeln Gutes, schaffen wir ein starkes Fundament für unsere Selbstachtung und für unser Selbstbild – immer wieder.

- **Nicht der Wille, sondern der Glaube versetzt Berge.**

Der „eiserne" Wille, die „schiere Willenskraft" sind in einer Gesellschaft, die an Willensfreiheit glaubt, eine viel zitierte Tugend, der viel Frustration anhängt.

„Ich will bei meinem Vortrag nicht rot werden."
„Ich will abnehmen."
„Ich will mich jetzt entspannen."
sind ebenso Wünsche, die wir oft verfehlen wie
„Ich will effizienter arbeiten."
„Ich will nicht mehr rauchen."

Wenn überhaupt, erreichen wir diese Vorsätze nur mit sehr hohem Energieeinsatz. Denn sie erfordern lückenlose Selbstkontrolle. Der Grund: Sie erreichen das Unterbewusstsein nicht. Weit Erfolg versprechender sind Veränderungen unserer Einstellungen, Gewohnheiten und Handlungskonzepte, die tiefer reichen, weil sie die Kraft der persönlichen Überzeugung, des eigenen Glaubens entfalten. Damit sind sie über die Ratio hinaus wirksam.

Durch bewusstes Selbst-Coaching können Sie gezielt persönliche Ressourcen in Gang bringen und Veränderungsprozesse einleiten und zwar durch die Kraft positiver Gedanken und mentaler Fähigkeiten wie die Vorstellungskraft. So erarbeiten Sie sich mentale Zielbilder, sprich: die persönliche Überzeugung für Selbstveränderungen, die auch im Unterbewusstsein wirksam werden.

*Glück ist ständige Selbstachtung **nicht** ständige Selbstüberwindung.*

Glauben verbindet sich mit positivem Selbstwertgefühl, Vertrauen und Gelassenheit.

Hinter der Willenskraft verstecken sich Selbstzweifel, Selbstkasteiung, der bekannte Kampf gegen „den inneren Schweinehund". Es ist eine Kraftprobe mit sich selbst und bedeutet Misstrauen gegen sich selbst, also das Gegenteil von Selbstvertrauen.

Glauben verbindet sich dagegen mit einem positiven Selbstwertgefühl, mit Selbstvertrauen, mit Zuversicht, Überzeugung, Gelassenheit und Vertrauen in die eigenen Stärken.

Der Weg zur Vollendung Ihrer persönlichen Ziele wird also nicht kürzer durch den „eisernen" Willen, durch die „schiere" Willenskraft, sondern durch Ihr Selbstvertrauen, Zuversicht und Optimismus.

Dazu eine Zen-Geschichte:
Ein junger Mann suchte einen Meister auf:
„Meister, wie lange wird es dauern, bis ich
die Vollendung erlangt habe?"
„Vielleicht zehn Jahre", entgegnete der Meister.
„Und wenn ich mich besonders anstrenge,
wie lange dauert es dann?", fragte der Schüler.
„In dem Fall kann es zwanzig Jahre dauern",
erwiderte der Meister.
„Ich nehme aber wirklich jede Härte auf mich.
Ich will so schnell wie möglich ans Ziel gelangen",
beteuerte der junge Mann.
„Dann", erwiderte der Meister,
„kann es bis zu vierzig Jahre dauern."

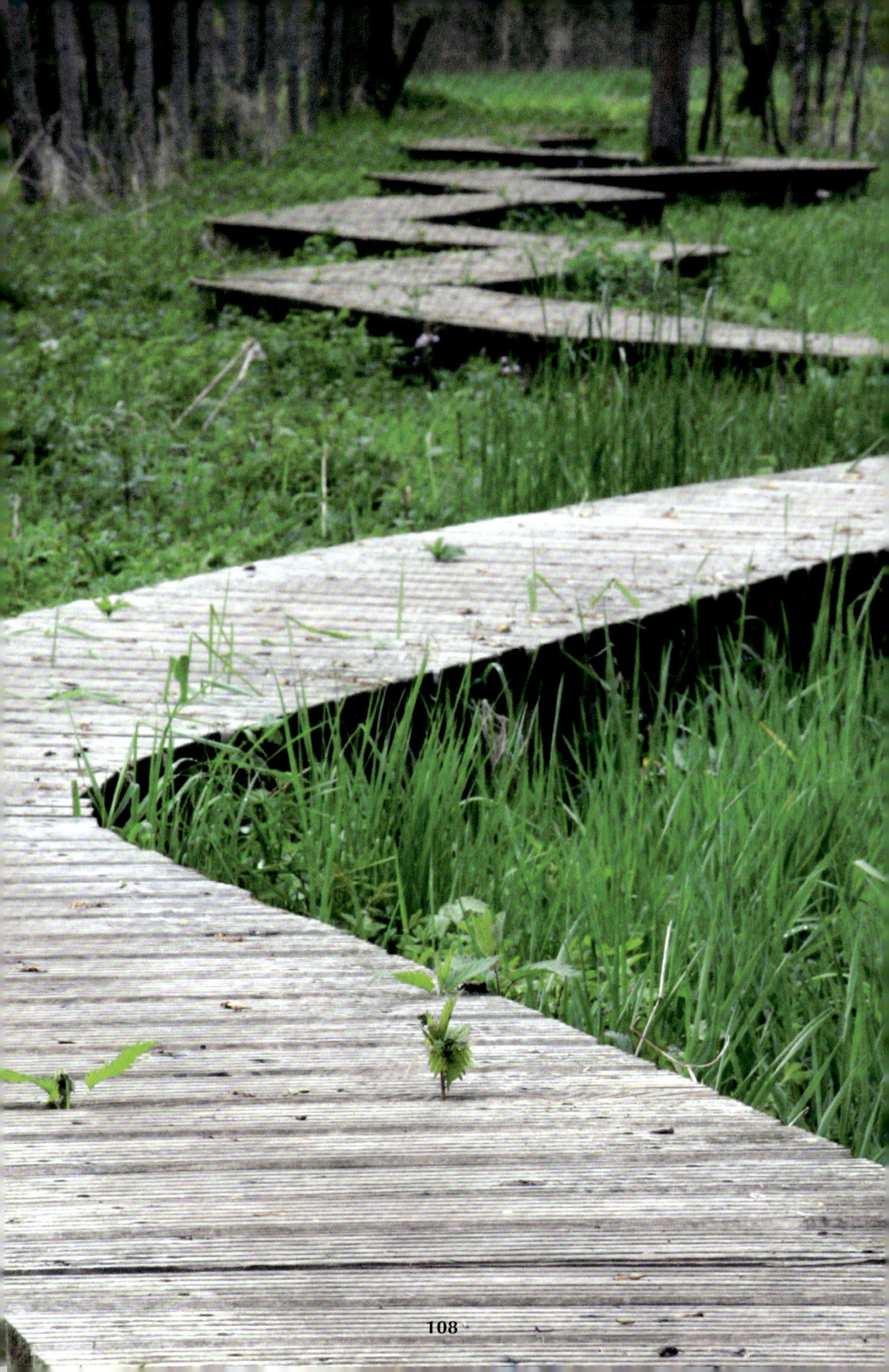

V. Schritte ins Glück sind realistisch.

- **Die Bedeutung unserer „Festplatte".**

Viele Menschen halten oft ganz unbewusst oder gegen ihre Überzeugung an Einstellungen und Gewohnheiten fest, die ihnen nicht gut tun.

Das wusste schon Shakespeares Hamlet, der beklagt: „dass wir die Übel, die wir haben, lieber ertragen, als zu unbekannten fliehen."

Unser Unterbewusstsein ist wie die Festplatte eines Rechners, auf der unsere Erziehung, unsere Erfahrungen, Erfolge und Misserfolge, unsere glücklichen und unglücklichen Erlebnisse gespeichert sind. **Sie speichert und automatisiert auch neue Informationen, Einstellungen und Nutzungsgewohnheiten.**
Sie müssen also nicht jemand Neues werden, sondern können im Gegenteil Ihre persönlichen mentalen Ressourcen nutzen, um über die Kraft der Gedanken und Vorstellungskraft persönlich stimmige Zielbilder zu entwerfen und zu üben. Diese neuen Gewohnheiten werden als Einstellungen auf Ihrer Festplatte gespeichert und so in einem längeren Prozess zu einem automatisierten Verhalten, zu einem Teil Ihres Charakters.

==Mit jedem positiven Zielbild verändern Sie die Festplatte zum Besseren – ohne sich selbst untreu zu werden. Ein gutes Selbstbild in diesem Sinne verdrängt negative Prägungen nicht, es entsteht gerade im Wissen um Unabänderliches.==

Akzeptieren und lieben Sie unabänderbare Stärken und Schwächen.

Die Kraft und Bedeutung unserer Gedanken in Verbindung mit unserer Vorstellungskraft ist eine Quelle für unser Glück. Dies ist eine einfache Wahrheit, die dennoch vielen Menschen ein Geheimnis bleibt. Wer sie erkennt, kann lernen. Er kann sich verändern und durch verändertes Handeln auch schwierige berufliche und private Herausforderungen erfolgreich meistern und damit gute Voraussetzungen für Glückserlebnisse schaffen.

Genauso wichtig wie unser Veränderungspotenzial zu erkennen ist es, erbbedingte und daher unveränderbare Ausprägungen, Stärken wie Schwächen anzunehmen. Über Selbstreflexion bzw. Selbstbeobachtung können wir sie uns bewusst machen, ebenso wie damit verbundene Verhaltensweisen.

Ein Spiegel unserer Verhaltensweisen, Reaktionen und Gewohnheiten sind unsere Beziehungen zu anderen Menschen, in der Familie, mit Freunden und im Beruf. Sie liefern uns wichtige Hinweise zu unseren Stärken und Schwächen: Im alltäglichen Umgang miteinander erleben wir das Changieren zwischen Anerkennung und Zuneigung auf der einen Seite neben Kritik und Ablehnung auf der anderen Seite. Aus dieser Resonanz erfahren wir sehr viel über unsere Stärken und Schwächen.

Unsere Stärken verhelfen uns zu einem stabilen Selbstbild und Selbstwertgefühl. Unsere Schwächen wollen wir möglichst verbergen bzw. wir sind uneinsichtig und weisen sie von uns. Erst dadurch werden Schwächen in ganz unterschiedlichen Situationen zu einer Belastung für uns und andere und wir erschweren damit das Erleben von beglückenden Beziehungen.

Die Selbstbeobachtung und Selbsterkenntnis kann den sozialen Spiegel nutzen: Kritische Rückmeldungen von wohl gesonnenen Freunden sind ein wertvoller Blick in die eigene Disposition. Sie

Unsere Wahrnehmung wird bestimmt durch die Erfahrung von Gegensätzen.

können uns unsere Einstellungen und Verhaltensmuster bewusst machen. Nicht umsonst heißt es **„Er/Sie kennt mich besser als ich selbst."** Durch **Aufpassen,** was aufrichtige, wohlwollende Menschen über uns selbst kritisch bemerken und nicht allein durch **Anpassen** unseres Verhaltens nehmen wir uns unserer Schwächen an.

==Indem wir lernen, unsere Schwächen Schritt für Schritt zu erkennen und anzunehmen, sie als Teil unserer Persönlichkeit zu begreifen, gewinnen wir die entscheidende Distanz zu ihnen. Wir können souverän mit ihnen umgehen wie mit Dingen außerhalb unseres Selbst und erreichen das, worauf es ankommt.==

Ein einfaches Beispiel, das stellvertretend für viele alltägliche Situationen steht, verdeutlicht den Prozess vom Erkennen der Schwäche und Lernen, sie zu akzeptieren. Beim Spiel „Mensch ärgere Dich nicht" erkennen wir schnell, wer ein guter und wer ein schlechter Verlierer ist. Der schlechte Verlierer weist zunächst hartnäckig zurück, dass er ein schlechter Verlierer sei. Die Mitspieler erkennen diese Schwäche und nutzen sie zum Sticheln des Verlierers – und dies immer wieder. Irgendwann erkennt der Spielverlierer, dass es ihm tatsächlich schwer fällt, zu verlieren. Genau an dieser Erkenntnisstelle beginnt die Problemlösung, der Verlierer steht zu seinem Verhalten und die Mitspieler haben zum Sticheln keine Spitzen mehr. Die Lage ist entspannt. Eine Schwäche wird zu einem selbstverständlichen Persönlichkeitsmerkmal, das nicht verdrängt, sondern akzeptiert wird.

- **Glück im Kontrast: Changieren und Chance.**

Für Glücksgefühle sind unerfüllte Glücksempfindungen notwendig. Erst durch augenblickliche Unzufriedenheit können Sie später wieder Zufriedenheit empfinden. Die Erklärung liegt nahe: **Unsere Wahrnehmung wird bestimmt durch die Erfahrung von Gegensätzen. Wir lernen eine Sache durch ihr Gegenteil kennen.**

Erst durch ein Ungleichgewicht entsteht das, was wir als Wahrnehmung oder als Empfindung erleben. Wir können nur hell sehen, weil wir wissen, was dunkel ist. Süß und sauer, leicht und schwierig, dick und dünn werden durch ihren Kontrast wahrgenommen.

Wenn Sie für ein Wannenbad die Wassertemperatur exakt auf Ihre Körpertemperatur einstellen könnten, würden Sie beim Einstieg in die Wanne das Wasser nicht spüren, weil kein Unterschied in der Temperatur zu Ihnen besteht.

So können wir unsere Wahrnehmung als Spiegel nutzen. Wenn wir in der Lage sind etwas wahrzunehmen, muss ein Kontrast entstanden sein, ein Unterschied in meiner Empfindung, zuvor unzufrieden, jetzt zufrieden, vorher unglücklich, später glücklich.

- **Glück ist nicht unser Schicksal, sondern unser Denken.**

Kann man Glück lernen? Das Motiv für dieses Buch war die Antwort „Ja." Und das bedeutet:
Glück kann man nicht herbeizaubern. Eine neue Richtung finden, um sein Leben glücksfähiger gestalten zu können, erfordert Wissen, wie man glücklicher werden kann, durch Lernen und Üben in Können und Spüren umzusetzen.

Die Bewusstmachung der berühmten Inschrift „Erkenne dich selbst", die der Apollotempel zu Delphi trägt, ist ein wichtiger

Wer sein Veränderungspotential erkennt und nutzt, speichert und automatisiert auch neue Einstellungen und Gewohnheiten auf seiner 'Festplatte', dem Unterbewusstsein.

Anfang auf dem Weg zum Glück. Selbsterkenntnisse gewinnen wir durch ehrliche Auseinandersetzungen mit uns selbst. Und dazu gehört die achtsame, bewusste Wahrnehmung unserer Gedanken in alltäglichen Situationen und die dadurch ausgelösten Gefühle, die wir als positiv oder negativ erfahren. In unserem Denken und Glauben liegt die Kraft für die Veränderung von Einstellungen und Gewohnheiten, die unsere Gefühle und damit unsere Fähigkeit zum Glück stark beeinflussen.

Je mehr wir mit diesen Achtsamkeitsübungen vorankommen, desto eher ist es möglich, Gedanken, die dem Wohlbefinden und Glück im Wege stehen, nicht weiter zu denken, sie loszulassen und durch angemessenes Denken zu ersetzen. Verändertes Denken verändert unsere Wirklichkeit!

Der Weg zu einer neuen Bewusstseinsebene führt über ein Umdenken zur angestrebten Selbstveränderung. Dabei hilft es, von Anfang an darauf zu vertrauen und immer wieder bewusst anzuerkennen, dass Aufmerksamkeit, Selbstreflexion und Bewusstheit richtig eingesetzt ein Umdenken bewerkstelligen können.

Schon bald, wenn wir zur regelmäßigen Selbstreflexion ansetzen, spüren wir nach und nach, dass z.B. Neidgefühle oder überzogene Erwartungen, die unser Glücksleben stören, verebben – und das schon während wir es beobachten und spüren.

Damit sind wir beispielsweise dem Neidgefühl und unseren Erwartungen nicht mehr ausgeliefert. Und das ist eine tief greifende Erfahrung, die uns auch nach Rückschlägen motiviert, am großen Ziel der Selbstveränderung festzuhalten.

Die Vorteile der Selbstveränderung müssen spürbar werden. Das Gefühl, das durch unser Denken ausgelöst wird, ist der Navigationspunkt, auf den wir unsere Aufmerksamkeit richten sollten, um zu spüren, welches Denken uns gut tut und welches uns frustriert.

● Den Fahrstuhl ins Glück gibt es nicht – aber eine Treppe.

Wie Sie Ihr Leben bereichern können, dafür haben Sie jetzt neue Wege entdeckt. Sie kennen jetzt die Grundlagen, einen Schlüssel für <Glück>

Natürlich ist die Kluft zwischen Theorie und Praxis weit, aber der Brückenschlag gelingt Ihnen. Die Hilfsmittel dafür haben Sie jetzt in Händen, und daher können Sie der positiven Langzeitwirkung Ihrer Selbstveränderung voll vertrauen...

Freuen Sie sich auf diesen selbstbestimmten Lernprozess. Er ist keine „Schwerstarbeit am Ich", keine Ich-Optimierung und keine Perfektion zum Ideal, sondern ein aufmerksamer, einfühlsamer Umgang mit sich selbst, der Ihnen immer wieder die Tür öffnet für innere Balance, Gelassenheit und Lebensfreude.

Die Ebnung Ihres persönlichen Glückspfades ist ein spannender und erfüllender Erkenntnis- und Veränderungsprozess. Und dafür verfügen Sie über einen persönlichen Spielraum für Veränderungen, denn nur ein Teil unserer Persönlichkeit ist genetisch festgelegt, und ein anderer Teil durch Umgebungseinflüsse, wie Erziehung, Schule, Freundschaft und Erfahrung – und der ist veränderbar.

Auf diesen Teil richten wir unsere Aufmerksamkeit. Hier können wir mit Gewissheit ansetzen für unseren gewünschten Veränderungsprozess.

Entdecken Sie sich neu über die Kraft der Gedanken. Gehen Sie diesen Weg behutsam, geduldig und vor allem bewusst – Sie kennen jetzt die besondere Bedeutung von Bewusstsein. Das ist der rote Faden im Buch und er ist der Wegweiser für neue Denk- und Handlungskonzepte, die wir zur Wirkung bringen können. So gelingt es uns, Einfluss auf unser Glücksleben zu nehmen.

Dieses Glückslern-Buch möchte Sie auf diesen Weg begleiten und als Leitfaden und Gedankenhilfe dienen. Erst bei wiederholtem Lesen und Verinnerlichen tritt eine aufbauende und motivierende Wirkung für Ihre angestrebte Selbstveränderung ein. Sie werden achtsamer durchs Leben gehen und spüren, was Ihnen gut tut und was nicht. Und Sie werden entdecken, dass Sie sich mehr verändern können, als Sie sich vorgestellt haben.

Glück kann man lernen im Sinne von Selbstveränderung.
Werden Sie dafür Ihr persönlicher Glücks-Coach und klären Sie, welche Selbstveränderungs-Wünsche wirklich Ihre Wünsche sind. Als Ihr Glücks-Coach schenken Sie sich in unterschiedlichen Alltagssituationen bewusst Aufmerksamkeit, um zu spüren, was Ihnen gut tut und was negative Gefühle auslöst.
Schritt für Schritt lernen Sie bei vielen Begebenheiten bzw. in vielen Situationen einen Perspektivwechsel einzuleiten, den Blickwinkel zu verändern und Handlungsalternativen zu erkennen.

==So gelingt es Ihnen, Ihre emotionale Befindlichkeit, Ihr Wohlbefinden positiv und nachhaltig zu beeinflussen.==

Nicht der bequeme Fahrstuhl befördert uns ins Glück:
Wir müssen die Treppe nehmen.

● **Ein Geländer für Ihren Weg ins Glück.**

▷ **Weisen Sie materielle Dinge in ihre Schranken.** Materielle Ziele und „Haben" machen selten langfristig glücklich. Unser gesellschaftliches Umfeld ist jedoch geprägt von ihnen. Entkommen Sie der hedonistischen Tretmühle, indem Sie sich gelegentlich besinnen, auf Entdeckungsreise gehen und sich darauf konzentrieren, was wirklich wichtig ist im Leben. Testen Sie sich, wie unabhängig Sie von der Erfüllung bestimmter Gewohnheiten sind. Spüren Sie die Erleichterung, die eintritt, wenn man den Stress materieller Ansprüche zurückweist. Und spüren Sie den Stolz und Glücksmoment, wenn man sich erfolgreich für materielle Selbstbeschränkung entscheiden kann – immer mal wieder.

▷ **Teilen und schenken Sie Glück.** Die Ich-bezogene Glückssuche gelingt uns als sozialem Wesen nur sehr schwer. Die Glückssuche hingegen, bei der wir mit anderen Menschen verbunden sind, gelingt am besten. Denn Glück ist vor allem dann Glück, wenn man es mit jemand teilen kann. Jemand glücklich zu machen, löst fast automatisch Glücksgefühle bei einem selbst aus.

▷ **Glauben Sie an die Kraft Ihrer Gedanken.** Sie entscheiden mit, ob wir uns glücklich fühlen oder nicht.

Sich mit der Macht der positiven Gedanken und der Kraft des Glaubens zu beschäftigen, ist ein sicherer Weg ins Glück.

▷ **Schätzen Sie bewusst die Jetztzeit.** Die Aufmerksamkeit auf das, was Sie gerade tun oder erleben zu lenken, ermöglicht Ihnen, das reine Gefühl für das <Sein> immer wieder zu finden, die pure Freude am Leben.

▷ **Sehen Sie das einfache Glück.** Wer lernt, das Glück im Selbstverständlichen, den kleinen und einfachen Annehmlichkeiten des Alltags zu sehen, genießt viele glückliche Augenblicke.

▷ **Lassen Sie sich selbst los.** Selbstlosigkeit ist ein sicherer Glücksbringer. Aus der Apostelgeschichte lernen wir, dass Geben seliger ist als Nehmen. Diese ursprüngliche Maxime spricht für sich selbst.

▷ **Nähern Sie sich Anderen.** Die große Quelle unseres Glücks liegt in unseren sozialen Beziehungen: in Familie und Freunden. Wer ohne Neid und Missgunst lebt, wer sich nicht pausenlos vergleicht, wenig erwartet, positiv denkt und nicht von falschem Ehrgeiz getrieben wird, hat beste Chancen, glücklich zu werden.

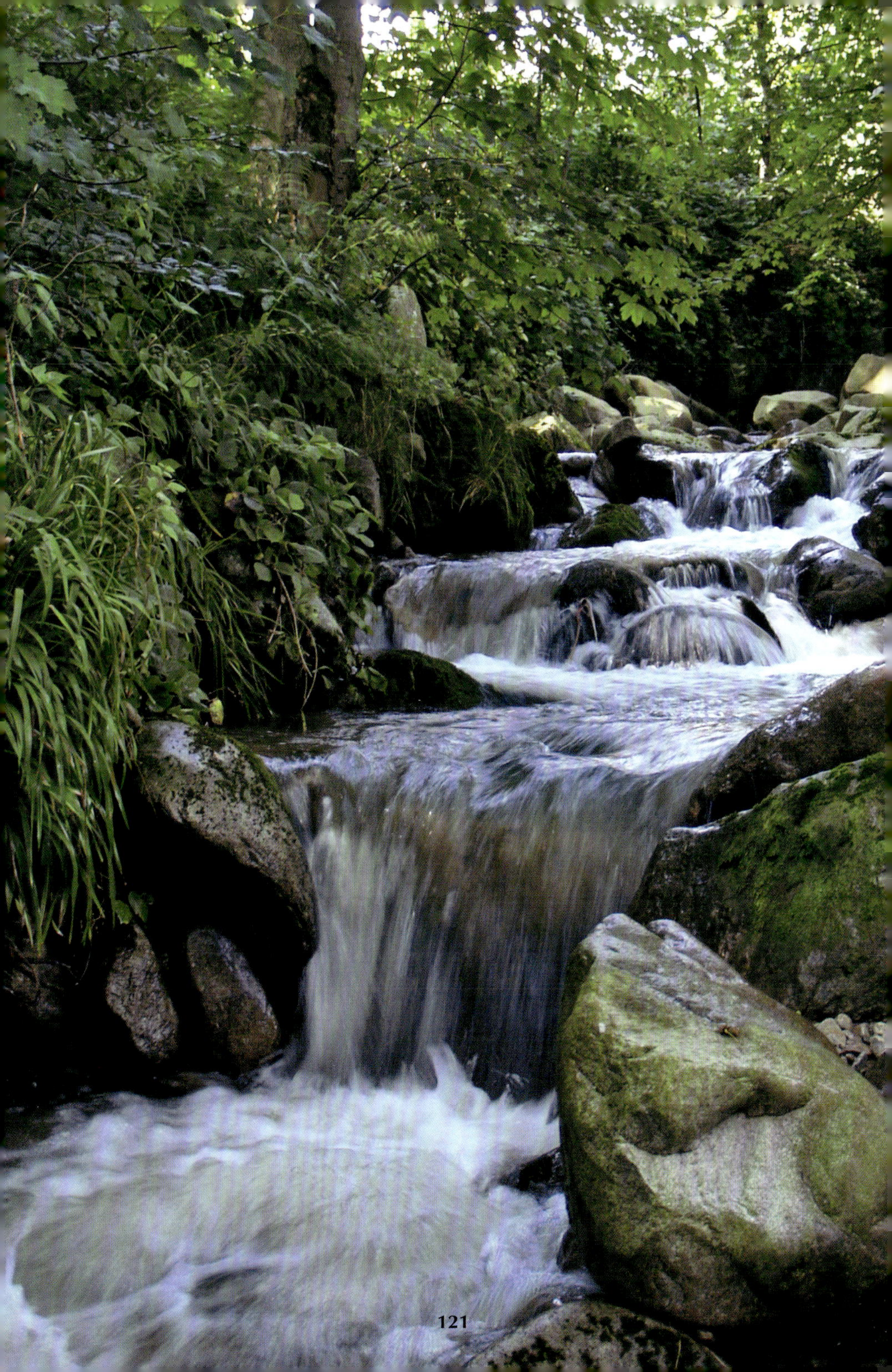

Es gibt unterschiedliche Wege ins Glück –
das sind die verlässlichsten Glücksquellen:

- Liebe – sie führt uns zusammen
- Dankbarkeit
- Zusammenhalt
- Hoffnung
- Begeisterung
- Neugier
- Freundschaften

Umdenken.
Ankommen.
Glück spüren.

- Wir können den Pfad ins Glück ebnen
- Unsere Gedanken und unser Bewusstsein sind dafür der Beginn

Der Autor

Gerhard Naumann war in seiner Laufbahn tätig als Manager auf Vorstands- und Aufsichtsratsebene und ist heute erfolgreich als Business-Coach. Seinem Werdegang zu Grunde liegen ein Studium der Betriebswirtschaftslehre sowie die Zusatzstudiengänge Psychologie, Soziologie und Motivationslehre. Mit der Frage, was Glück ausmacht, und wie man glücklich wird, zieht der Autor die Summe an Erkenntnissen aus seiner langjährigen Praxis.